それでも一緒に歩いていく

牧ノ原やまばと学園50年の歩み

牧ノ原やまばと学園50年誌編纂委員会

ラグーナ出版

はじめに

本書は、社会福祉法人牧ノ原やまばと学園の機関紙「やまばと」の記事をまとめたものです。同紙は、差別や偏見のはなはだしかった一九六八年、施設が開設される二年前に発行が始まりました。その目的は、施設開設の理由やビジョンを示し、やまばとの理念に共鳴する人々や同志を募るためでした。刊行はその後も休むことなく続けられ、本年二〇二一年一月に、第五三八号が発行されたばかりです。

第一号の巻頭文は、「やまばと学園への道」。二号は「やまばと学園の目ざすもの」、三号は「やまばと学園を支えるもの」と続きます。読み返すと、小さな施設であっても、「子どもたちが本当に人間として重んじられる施設を創りたい」という熱い思いが伝わってきます。「小さき人々※」が大切にされる共生社会をめざして、並々ならぬ覚悟と大きな希望を抱いて歩み始め、多くの方々に支えられて今に至ったことがわかります。

記念誌を編纂した当初の目的は、後輩職員のために「研修用テキスト」をつくることでした。しかし、再読するうち「小さき人々」とともに生きることを目指し、多くの人々を巻き込んで来た学園の歴史をより多くの方にもご覧いただきたいと考え、世に出すことにした次第です。

機関紙をひもとくと、半世紀にわたる歩みのなかで、障碍《がい》者がどのような状況に置かれ、どう呼ばれ、どのように改善されていったか、また、高齢社会の到来により、人々の福祉観がどのように変わったか、国の福祉施策はどう変化したのかといったことが、ヒシヒシと伝わってきます。

機関紙には、さまざまな話題が取り上げられていますが、編纂にあたっては、テーマを設定する一方で、経緯とともに伝えるべき内容は年代順に配列し、記事をまとめました。具体的には、「ともに生きる」の章では学園の理念やともに生きるための運営について、「ケアという仕事」では専門の講師による講演要旨など、現場により近い内容を集めています。ですから、「家族の思い」に関心がある場合には、その箇所から読み始められる構成になっています。なお、文の初めに記された号数と暦年は、機関紙の号数と発行年月を意味します。

編纂にあたって大きな問題となったのが、今では差別用語として封印されている当時の言葉をどう扱うかでした。どこまで今の基準に合わせて書き改めるべきかを吟味し、読者の皆様に違和感なく読んでいただけるよう願いつつ、修正は最低限にとどめることといたしました。本書では、機関紙の原文を必要に応じて編集しています。原本をお読みになりたい方は、法人本部へお問い合わせください。

牧ノ原やまばと学園の半世紀にわたる歩みが、福祉関係者だけでなく、地域で暮らす様々の立場の方々にも、共感や励まし、慰めを与え、道しるべの一つとなることができれば、幸いです。

牧ノ原やまばと学園50年誌編纂委員会

※「小さき」は聖書に使われている表現で、弱者を意味します。

それでも一緒に歩いていく――牧ノ原やまばと学園50年の歩み　目次

第四章　ニーズに応じて

第五章　施設の運営とは――ひと、土地、お金について

第七章　家族の思い

第一章　ともに生きる

一見無価値と思われるこの子らの中に、人の心に愛の火をともし、愛に生きる喜びを教え、自分の生き方を省みさせ、人生観、世界観をさえ変えていく驚くべき力が潜んでいるのです。

「五十年を振り返るインタビューは、コロナ禍が広がる二〇二〇年七月に、Zoom で東京と静岡の牧ノ原やまばと学園を結んで行われた。」

五十年を振り返って

長沢道子理事長インタビュー ①

聞き手：引地達也

「ともに生きる社会」に向かって歩んだ五十年

（引地）この五十年を、どのように総括されますか。

（長沢）社会全体では、偏見差別が甚だしかった時代から、人権尊重、当事者中心の時代に変わりました。国も「地域共生社会の実現」を福祉施策に掲げていて、創設者たちが願ったような「ともに生きる社会」に向かって歩んでいて、良い流れになっていると思います。

生産活動をしない障がい者や高齢者にお金をかけるのはもったいないというのが五十年前の日本の行政の考えでした。一般の人たちも同じで、厄介な存在と見なしていました。それが専門的知識が発達し、この人たちへの理解が進んだことで変わってきたのです。また、ノーマライゼーションの理念が浸透したことで、障がい者も高齢者もできるだけ地域で当たり前国に暮らすのがいいと考えられるようになりました。国際的な人権運動の高まりもあって、当事者たちが発言し始め、法律が整備されたことも力になりました。

同時に、日本では超少子高齢社会となり、誰もが老いて弱くなる自分を意識し、福祉を我が事として考えるようになりました。国は、急増する福祉対象者と、財源の担い手である若者たちの減少を見据えて、介護保険制度をつくりました。一方、公的支援だけではまかないきれない部分を「自助、互助、共助」によって「互いに助け合う社会」をつくろうと勧めるようになったわけです。いずれにしても「共生社会の形成」に向かう、歓迎すべき流れだと思います。

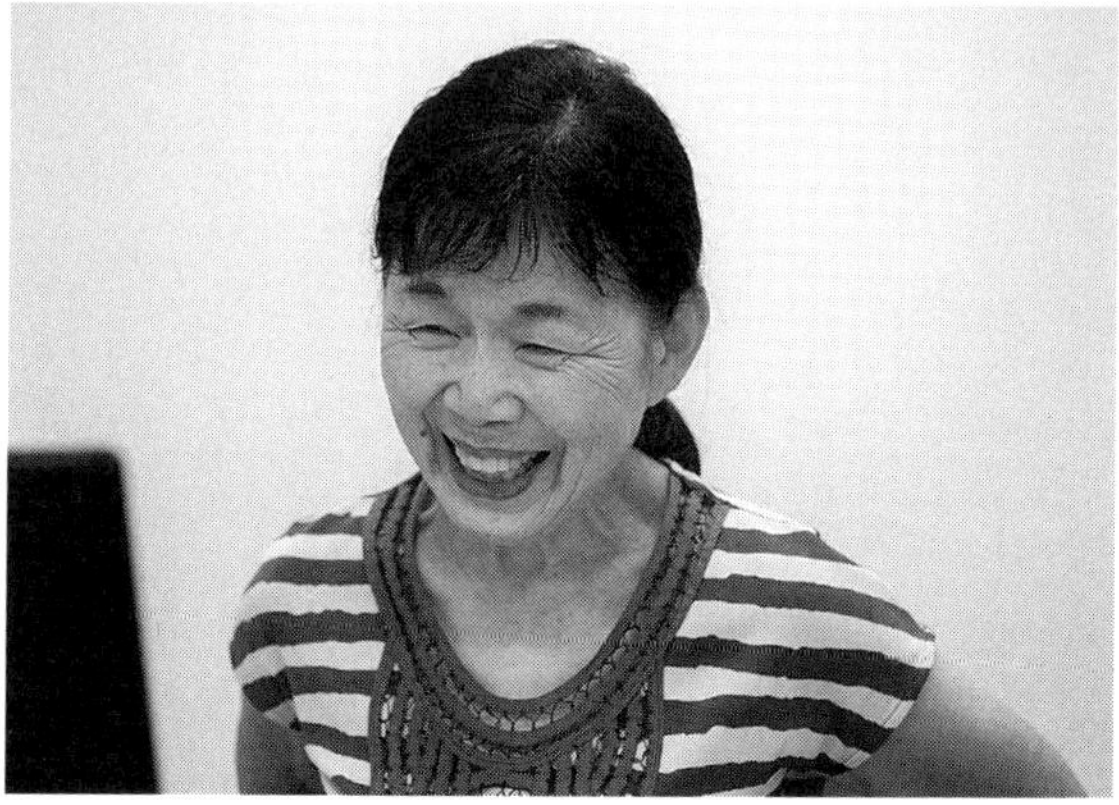

パソコンを前にオンラインインタビュー中の長沢理事長

リーダーを欠いて見えた、やまばとの歩み

牧ノ原やまばと学園の五十年の歩みを振り返ると、地域のニーズや国の福祉施策に応えて計画どおり実施したものもあれば、想定外の出来事に直面することも多々ありました。学園紛争や、創設者が重度心身障がい者になったこと、静岡空港建設に伴う垂穂寮の移転問題な

どは予期しなかったことです。事業関連の大きな出来事としては、法人の独立、高齢者福祉への着手、児童と成人、二つの入所施設の活動終結や、通所施設や訪問介護事業など地域に住む人々を支援する事業が広がったこと、小規模作業所の運営を頼まれ最終的には就労継続支援事業が七つになったこと、生活支援センターや包括支援センターの受託により行政や他法人との連携が進んだこと、養護老人ホームの受託や心を病む人の居場所づくりなど公益的事業への取り組みが挙げられます。その時はバラバラに見えましたが、振り返ってみるとつながっていて、曲がりくねりながら、創設者たちの夢が実現されているのに気づかされます。

学園にとって最も重い出来事は、一九八三年二月、創設者長沢巌が良性脳腫瘍の摘出手術後、重度心身障がい者になったことといえます。成功するとばかり思っていた手術が不成功に終わり、長沢が昏睡状態に陥ったときは、あまりの出来事に誰も言葉もありませんでした。最前線で闘っていたリーダー、学園の充実と発展のために、もっとも適任だった長沢巌がその日を境に、動くことも話すことも考えることもできない、まったく無力な人間になったのです。とても受け入れがたい、悲しい、無念な出来事でした。

この最も困難な時代に、要所要所で「牧ノ原やまばと学園」のために尽くされた方々のお名前をお知らせしますが、その他、おびただしい方が協力してくださったことに感謝しています。機関紙執筆を担当し祈りをもって支えてくださった戸井雄二牧師や三輪愛博牧師、実務面では専務理事の深井吉之助さん、事務長の大井淳地さん、理事で医師の板倉静夫さん、施設長の宮崎道子さんや金子初子さん、高木直雄さん、岡村十三男さん、阿川勉さん、鈴木勝利さん、その他多くの人たちに支えられました。「牧ノ原やまばと学園」は、そういう多数の方たちの助けによって今に至っていることを、忘れてはならないと思います。

三年後、私が理事長に選ばれました。夫の介護をしつつ職務に当たる非力な私が理事長になったのは、なぜでしょうか？　簡単には言えませんが、「やまばとの歩みは、人間の有能さによってではなく、真理と愛の源である神様によって導かれる」ことが明らかになるためだったのではないかと思ったりします。

一方で長沢は、「この仕事が神のものになるためには、自分は無にならなければならない」と書いています。そこまで到達できないにしても、「仕事を私物化しない、隣人を支配したり利用したりしない、互いに助け合う」姿勢に、たえず立ち返りたいと願っています。

そして「最も弱い人々を大切にする」キリスト教精神は、今後も「やまばと」の基盤であり続けます。国の施策や組織体制は、時代の変化に伴って変わることがあり、時には悪い方向へ変化することさえあります。次に続く人たちは、神から知恵と勇気をもらって、継承すべきことは継承し、変えるべきことは変え、共生社会形成のため、より良い道を開いていってくれるよう期待しています。

立場の違う人を味方に

（引地）社会福祉の中でも最も重い知的障がいの人から始めたことへのお考えと、地域の反応を教えてください。

（長沢）創設者の長沢巌は『動く重症児』と呼ばれる、家庭にとっていちばん手のかかる障がい児をお世話するのが、私たちの施設の使命の一つだ」と言っています。五十年前は施設の数が非常に少なく、専門的知識もなかったので、親たちは昼夜我が子に振り回され、疲労困憊していました。将来を悲観して、子どもを殺して自分も死ぬ事件が後を絶たなかったのです。長沢自身も姉が重い知的障がい者だったので、そういう家族の苦しみをつぶさに見聞きし、こういう社会であってはならないと考えていました。重荷を家族にだけ負わせるのでなく、社会全体で担うべきだと考え、困難であってもあえて重い障がい児を受け入れたわけです。

当時の町の人々の反応はというと、長沢が、榛原町《はいばら》役場（現牧之原市役所）で関係者に施設建設の話をした時は、みんな、たわごとだと嘲笑ったそうです。障がい児施設なんてできるはずがない、という姿勢だったそうですが、そんな中で淡々と説明し、静かに立ち去る長沢の姿が印象的だったと、その場に居合わせた元職員が話していました。

町だけでなく、長沢が施設建設のため県庁の窓口を訪れた時にも、なかなか面会してもら

榛原教会の聖書研究会の一コマ

えなかったそうです。それでも、毎日同じ時間に窓口を訪れ、そこに一時間ほど座って静かに立ち去る。そういうことを毎日毎日続けるので、とうとう部長がたまりかねて、「会ってやれ」と大声で部下に命令したのだそうです。

施設建設の土地確保も大変で、二転三転してやっと今の坂部の土地が与えられました。

当法人で現在施設長として働いている女性は、「やまばと学園」開設の年に生まれた地元出身の人ですが、子どもの頃は、よく「悪いことをすると、やまばと学園へ入れるぞ」と脅されたそうです。小学生たちが、散歩中の学園の子どもたちに出会うと、わっと逃げ去って行ったのも、「怖い」という印象が強かったためでしょう。今は様変わりしていますが……。

必要なことは引き受ける

（引地）重度障がい者の方を対象にした施設を中心に社会福祉事業を展開しているという印象

がありますが、これは何かの考えがあって、現在の形になったのでしょうか。

（長沢）「入所施設は最重度の障がい児者のためにこそある」というのが私たちの考えでしたが、入所施設を中心に事業を展開していったわけではありません。一九八〇年代以降、「入所施設解体」、「脱施設」が盛んにいわれるようになりました。が、私たちはその動きに乗りませんでした。こちらの入所施設の定員は三十名で、グループホームを少し大きくしたくらいの規模でしたし、何よりも、入居者の皆さんが住める「より良い場所」を見出せなかったからです。そういうわけで、施設解体の取り組みはせず、長い間、子どもの入所施設と、二つの成人施設、そして特別養護老人ホームを運営してきました。そういう歴史が、「重い人の施設を中心に事業を展開した」印象を与えているのかもしれません。当時の施設は、必要ならば誰でも受け入れる姿勢でしたので、「やまばとは、困ったときの助っ人」とまで言われました。そのような実績が積み重なって、小規模作業所の運営を頼まれたり、行政からの委託事業が増えていったのだろうと思います。

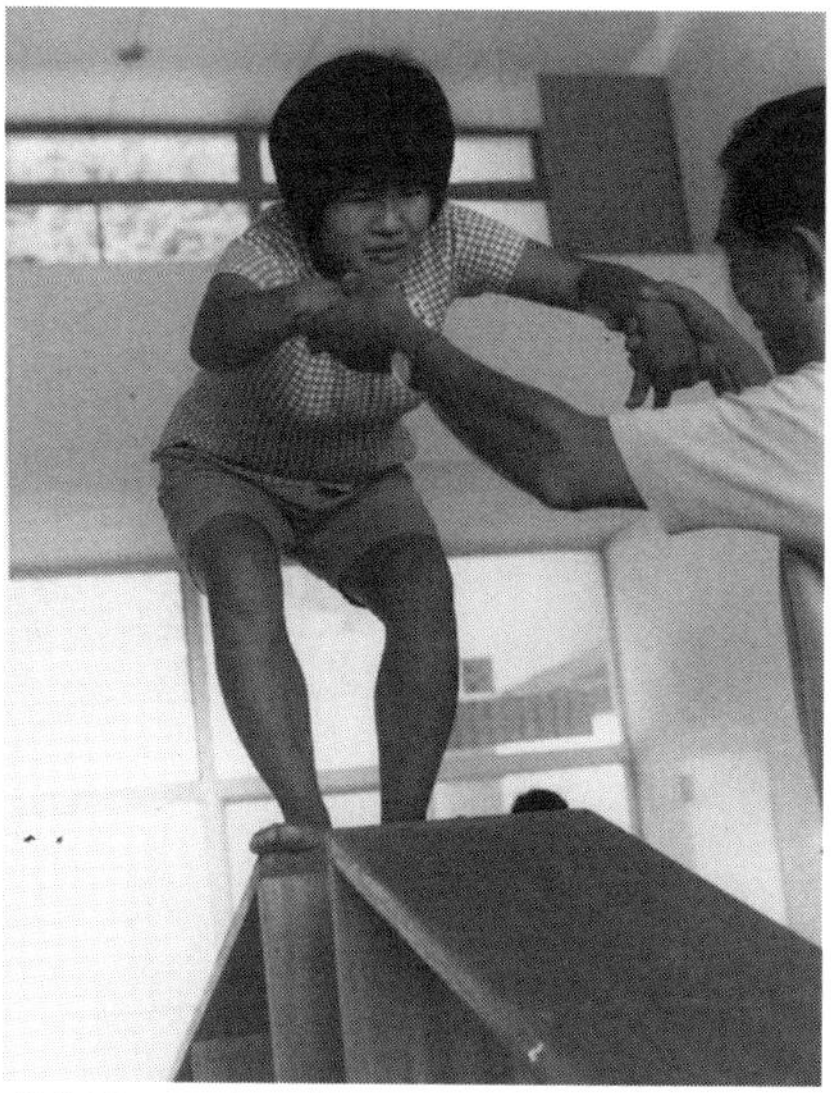
成人寮でのリハビリ

「インド聖隷希望の家」のディルさんとともに

（引地）創刊号から現在まで機関紙「やまばと」を見ていると、働くことに対する考え方が非常に柔らかいと感じます。一般的な「生産性」の考え方とは別に、その人の居場所、役割としての働きという捉え直しをずっとされているような印象です。重い障がいのある人が「働くこと」を、どのように捉えて、実践しているのでしょうか。

（長沢）働くことは、障がいの重い軽いに関わらず、喜びや成長の機会を与える大切なものだと受けとめています。ただ、仕事の内容や、働く時間帯、配置する職員などに関しては、利用者の知能レベルや障がいの程度、施設の事業目的によって違ってきます。

たとえば、入所施設や生活介護の施設は、排尿排泄など身辺の介護が必要な人が対象なので、健康維持や生活能力の向上、創作活動などが目的になり、仕事時間は短く、その内容も、アルミ缶つぶしやビーズ通し、はた織り、簡単な施設内掃除などになります。一方、就労継続支援B型事業所にはもう少し自立した人がいて、一日中働いています。ごく少数ですが企業に就職できる人もいます。B型事業所は昔は小規模作業所と呼ばれていて、私も職員として働いていました。その時は、パン作りやハンカチ染め、木工作業や洗濯業務などをして賃金アップの目標を実現しました。現在は、B型事業所の大半が下請け作業ですが、いろいろな種別の仕事を請け負っているので、一定の賃金は確保しています。自閉症の人たちのために作業所内を働きやすい構造に工夫したり、クラブ活動もご本人たちの希望を取り入れて実施しています。

長沢は、フランスのラルシュ共同体の作業所を見学して、「実に楽しそうだった。ユーモアと自由にあふれていて感動した」と語っています。誰かがハミングし始めると、一斉に歌声が広がり、作業そっちのけで、歌を楽しんでいくらしいのです。学園でも、旅行に行ったときなど、バスの中でカラオケを歌い続けることはありますが、ふだんは、職員が時間管理をしています。最近は、施設の種類と内容が明確に定められ、「作業所は働く所だから、日課に娯楽内容をあまり入れないように」といった行政からの指導もあります。そういう線引きも必要なのでしょうが、基本的には、どの施設でも、人が大切にされ、自由や笑いがあり「楽しい、居心地が良い」と実感できることが大切だと思っています。

（引地） 障がい者福祉の現場は、ノーマライゼーション、ダイバーシティ、インクルーシブなど、いろいろな言い方で徐々に社会的な役割が広がりつつありますが、実際の働き方、考え方というのは、この言葉の拡充とともに、変わってきたのでしょうか。

（長沢）一九八一年の国際障害者年に掲げられたノーマライゼーションは、一般社会にも、福祉分野にも大きな影響を与えました。この年以来、それまで入所施設中心だった日本の福祉施策は、地域で暮らす人々を支援する内容に変わっていきました。通所施設、訪問介護、短期入所、相談支援などが登場したのです。

かつてと違って、街の通りやスーパー、バスの中などで、障がい者の姿をしばしば見かけるようになりましたし、手話を学ぶ人も多くなりました。いろいろな分野で活躍する障がい者が紹介され、人々の見方も変わってきたと思います。施設に関しては、たとえば、集団で食べていた食事は小グループになり、起きたいときに起きて食べることも可能になりました。

一方、ダイバーシティは、特定の地域や大手企業などではよくいわれるようですが、私たちの福祉現場では、ときたま耳にする程度で、その意味を理解している人も少ないし、そのための活動などもしていません。とはいえ、これからは外国人労働者とともに働く時代ですから、違いを乗り越えて協力しあえるよう準備していく予定です。

インクルーシブやインクルージョンに関して思い出すのは、養護老人ホームに障がい者が入所したとき、「こういう人が増えるのは困る」と住人の一人（高齢者）が言ったことです。また、別の養護老人ホームでは、中国人の職員を軽蔑する出来事がありました。これらは、特定の人を排除しないというインクルーシブの理念に反する出来事ですが、今なおそういう価値観が根強いことも事実です。じっくり対応していく必要があると思っています。

障がい児たちについていえば、一般の小学校や中学校に受け入れてもらいにくいのもインクルーシブの問題ですね。壁が高いために、大抵の障がい児が特別支援学校へ行くのは、残念なことです。幼い時から障がい児と健常児が交流し、喧嘩したり助け合ったりしながら友達になることは、お互いのために有益です。障がい児を持つアメリカ人の母親が、「わたしは自分が死んでも、娘のことを心配していない。きっと娘の友だちが、ある人は教師として、ある人は商人として、ある人は弁護士として彼女のために力をかしてくれるだろうから」と言っていましたが、このような教育や社会が望ましいと思います。

今後の福祉、五十年後の福祉に願うこと

（引地） 社会状況とともに今後の社会福祉はどういう方向にいくのでしょうか。

（長沢） コロナを契機に現在起きている大きな変化は、会議や研修のオンライン化の大幅な進展でしょう。高度通信技術の活用は、これからますます福祉分野にも広がってくると思います。ご利用者に寄り添う時間をもっと確保するために、ＩＣＴ（情報通信技術）や、ＩｏＴ（あらゆるものをインターネットにつなげ、遠隔操作や自動制御を可能にする仕組み）について学び、活用していきたいと思っています。

オンライン技術の発達により、これからは、海外や大都会へわざわざ出かけなくても、現地の様子や情報をかなり詳しくつかめるようになるでしょう。世界各国の優れた福祉実践や

介護技術、専門的知識を学び、よいものを取り入れることができれば幸いです。

コロナ感染予防のため、ある国々では個人情報が徹底的に管理されました。それはコロナ終息のためには効果がありましたが、個人情報把握という点では問題を残しています。個人情報の管理団体は、自由を抑圧したり、障がい者や弱い人々を排斥したりできないよう、中立・公正な、権力から独立した機関であることが望まれます。

（引地） 学園設立から五十年。今後五十年後の学園、そして福祉には何を期待されますか？

（長沢） 五十年後の福祉の核となることが、現段階で二つあります。一つは、国連が「持続可能な開発目標十七（ＳＤＧｓ・エスディジーズ）を掲げ、「だれ一人取り残さない、持続可能で、多様性と包摂性のある社会の実現」を、二〇三〇年度までに達成したいと宣言したことです。もう一つは、日本の福祉施策が「地域包括ケアシステムの構築」をめざし、地域で支え合う仕組みをつくるため、すでに各地で、行政関係者と福祉や医療、その他の関係者たちとの話し合いが始まっていることです。このような国内外の流れが、今後加速して、その成果が、完全なものではなくても見られることを期待します。それは、地球環境を守り、格差や貧困のない社会、支え合う社会です。

また、障がいのある子どもたちが家で過ごし、家庭から学校に行けるようになり、障がい児も健常児も、同じ学校に通い、大半の時間を一緒に過ごし、時々、教科に応じて分かれるだけであってほしいものです。そして、家族がいない、いろいろな事情で家族と暮らせない人が、小規模なホームで暮らしていけるといいと思っています。また、子ども時代を家庭で過ごした人たちも、一定年齢になったら地域の小規模ホームで仲間とともに暮らせるようになってほしいと考えています。

一方で、重い障がい児をケアする家族や、高齢者を介護する家族のために、短期入所や二十四時間訪問介護事業が提供され、いつでも利用できるようになっていてほしいものです。

今後は人口が減り、支える人数が少ない分、社会全体で高齢の方々や障がいのある人たちを見ていくようになっていくでしょう。目下、福祉の現場では、人手不足が課題ですが、外国人の働き人や、ロボットが活躍する場が広がることと思われます。

そうはいっても、いつの時代も、「福祉は、人なり」です。隣人を幸せにすることができる職員の育成が、常に最重要課題であることは、変わらないと思います。

五十年後の牧ノ原やまばと学園がどうなっているか分かりませんが、「神の国と神の義を求めなさい。そうすればすべてのものは添えて与えられる」という歩みが続いていることを願います。具体的には、自分たちの利益ではなく、最も助けが必要なことを優先させ、取り組むこと、利用者や職員、地域の人たちの人格を尊重し、互いに助け合って歩んでいてほしいと願います。

ともに生きる

「労働者」の心を変えた子どもたち

七号　一九七〇年三月　小羊学園園長　山浦俊治（講演）

去年の春、小羊学園の敷地の北側にある小川が改修されて、護岸のできた立派な排水路に変わりました。その工事のための数ヶ月間に、たくさんの労働者が出入りしました。元気で遠慮のない人たちです。学園の若い先生たちに「よう、姉ちゃん格好いいぞ」などと声をかけて、先生たちも少々へき易していました。しかし子どもたちは頓着ありません。工事現場に侵入してはブルドーザの前に坐ったり、お弁当を失敬したりして迷惑をかけました。謝りながら迎えに行く先生、そこで見られる子どものふれあい。工事場の人たちは学園の内そとで展開している、子どもと職員との生活を、じっと見ていたのです。

労働者の人たちが私たちを見る目が日を追って変わっていきました。好奇の目が、あたたかな仲間の目になっていったのです。子どもたちと一緒に遊んでくれたり、職員を手伝ってくれたり、お金を出しあっておやつを買ってきてくれたり、すっかり友達になってくれたのです。

職員宿舎を立てる場所の整地作業を、一日がかりで無料奉仕してくれたブルドーザの運転手さんが、黒メガネのいかめしい顔ににあわないやさしい声で、私にいいました。
「先生、わしはここに働きに来て人生観が変わったよ」
工事のすべてが終わった時、現場監督さんが挨拶にこられました。そして
「あの連中はみんな、ここでいろいろなことを考えさせられました。そして人間が変わりました。ありがとうございました」

小羊学園園長・山浦俊治先生

といって深々と頭を下げられました。私の胸に熱いものがいつまでも残りました。それは、強く打ち合わせた時、カチッと音を立てて火花を散らす火打ち石のようでした。火口《はくち》を近づけると燃えて火が付くのです。私は小羊学園の子どもたちの不思議な力をこの火打石のようだと思っています。

乏しい能力で、精いっぱい個性的に生きようとしている六十人の子どもたち。その子らのもっている能力を最大限に発揮させ、人間として発達成長しようとする権利を守りたいと願う三十人の職員。子どもは石ころです。職員は破片です。両者の心がふれあい、体をぶつけあう時に、火花が散るのです。そしてその火花に近づく人の心に火を点ずるのです。

工事場で起こったような出来事は、実は形を変えてしばしば

経験することです。一見無価値と思われるこの子らの中に、人の心に愛の火をともし愛に生きる喜びを教え、自分の生き方を省みさせ、人生観、世界観をさえ変えていく驚くべき力が潜んでいるのです。子どもたちを石ころのままにしておくか、それを火打石として立派に役だてるかは、体をぶつけていく職員の側の働きにかかっていると私は信じています。その意味で、この子らは社会の宝であり、私たちはこの子どもたちに仕えることを誇りに思うのです。

やまばと学園の皆さんが今迎えようとしている子どもたちは、こんなたいへんな、社会の宝です。これは大仰なたとえ話だとは思わないでください。小羊学園を開いて四年間、私の味わってきたほんとうの、ほんとうの実感なのですから。

ともに生きる共同体を目ざして

一六号　一九七一年九月一日　設立準備委員長　長沢　巌

私たちは知的障がい児（者）を収容する場所をつくるのではなく、彼らと「ともに生きる」一つの「共同体」を形成することを願っています。在宅の人の中には、やむをえない事情のためとはいえ座敷牢に近い状態に置かれているケースがかなりあります。そのような人たちが見過ごされているかぎり、みんなの人権が尊重されているとはいえません。施設で訓練されてきた子どもたちと違って、重度の成人たちの指導の困窮さは想像に余ります。成人施設の中でも重度の人々のための施設が極度に少ない理由はそこにあるのでしょうが、だからこそ私たちがこの仕事をしなければならないと感じます。

私たちの仕事は、家の中に隔離されていた彼らを引き出して、施設に隔離することであってはなりません。私たちの目ざす「コロニー」は、一般の人たちもまざり合って生活し、さらに社会全体に対しても開かれているような共同体です。

おもしろいことに、中年以上の方々から、老後をこの土地で過ごしながら施設のお手伝いをしたいという申し出が多く寄せられております。どういう形になるかはわかりませんが、広い意味の老人ホームを含んだような村落がここに生まれるかもしれません。小さくても特色のある「やまばと共同体」を絶えず成長させていくことが私たちの使命であると信ずるものです。

どうして生まれてきたの

五三号　一九七七年十一月一日　理事長　長沢　巌

最近、ダウン症のルーシーという女の子を持ったハンナ・ミュッセの『どうして生まれてきたの』（三笠書房刊）という手記を訳者岡本浜江さんから贈呈されて読みました。

この本の特異性は、『どうして生まれてきたの』という書名が暗示しています。聴覚障がいのある妹を持つ筆者は、両親が妹を非常に大事にしたために、この妹のために少女時代のすべてを犠牲にする経験をしています。後年、学校教師になり、聴覚障がいや肢体不自由の子どもの教育にもたずさわりますが、やがて、重症の障がい児は、その障がいがはっきりしたごく幼少の時期に安楽死を遂げるのが本人にとって最善だという確信を持つにいたります。

出産直後にわが子の重症障がいが判明すると、彼女はこの子を一刻も早く亡き者にしようと試みます。新生児は、母親の胸に顔を押し付けて強く抱きしめれば、窒息死します。また、雪の降る戸外に放置しておけば間違いなく凍え死にします。著者は実際にそういう計画を立て、途中まで実行に移すのですが、どうしても最後までやり通すことができません。水を満たした流しの中に、衣服のままのルーシーを浸すのですが、頭を水に突っ込むことはとうとうできませんでした。

やがて著者は、ルーシーを施設に入れることが、家庭のために、また本人のためにも良いと考えるようになります。当初は乳児専門の施設に預けますが、五歳で卒園。次の施設は大規模で手が行き届かず、わが子のことを気遣う著者は非常に悩みます。最後に現在の小規模施設にめぐり合い、ルーシーが施設でも、帰宅時も、たいへん楽しく過ごしているというところでこの本は終わります。

この本は著者の家族三人全員に献げられていて、ルーシーについてはこう書かれています。

「世界中を愛し、有難いことに自分は愛されていないことを忘れているルーシー。

どうか永遠に気づくことがありませんように」

ルーシーが「世界中を愛し」ているのは事実です。彼女は出会う人ごとにあいさつし、飛びついてはキスをします。そのおかげで、世界中がルーシーを愛しているのです。本にはこんなエピソードが出てきます。「彼女はプラムフィールド（入所中の施設）で、たいへんな人気者である。彼女の看護主任が目を細めて言う――『あの子はみんなを活気づけ、全員を機敏にしてくれます』『ルーシーはこの頃ではどこへ行くにも歩きません。いつも誰かを見つけては抱いてもらったり、おぶってもらったり。

あの子は廊下を全部歩くこともしませんよ。職員が甘やかし、おばちゃんたちがかわいがり、みんなしてあの子の言いなりになってしまっているのです』」

けれども、ここには大きな事実誤認があります。実は、誰よりもルーシーを愛しているのは母親ではないでしょうか。一般にダウン症の子は社交的であるとはいわれますが、ルーシーの明るさは、いちばん身近な人に愛されていることと無関係ではないと、私には思えるのです。

それにもかかわらず、母親が思想的にはわが子の存在を否定していることは、たいへん不幸な事実です。知的障がいではなく重度の身体障がいなら、母親に否定されていることに気づかないはずはありません。そして、そのことでどんなに傷つけられることでしょう。

障がいをもっている人の人間としての価値が、そうでない人と変わるものであってはなりません。障がい者自身を人間として重んずるとき、初めてその人の負っている重荷が私たちの大きな問題になるのです。

苦しみについて

二七六号　一九九七年十一月　ブラザー・アンドリュー（講演）

私はインドでマザー・テレサとともに働く喜びを体験しました。最近亡くなったマザーは、生涯かけて、苦しんでいる人々に愛と喜びをもたらすよう努めた方ですが、「苦悩の中にあっても、互いに助け合うことで幸せになれる」とよく言われました。

マザー・テレサとともに働いたブラザー・アンドリューの来訪時に

やまばと学園に来て、私は、彼女の言ったとおりだなあと感じています。世の中には、学園には苦しみや悲しみが多いと思っている人もいるかもしれません。たしかに苦しみや痛みもありますよね。しかし、それを越えるもっと多くの喜びと幸せと美しさがあります。特に、こうしてみんなが集うと、それを実感します。

お互いに愛し、助け合うための歩みがなされている「やまばと」は、日本全体への素晴らしい贈りものですね。ここにきて、「彼らは何もしていない。お金を稼いでいないし、力もない」と言う人もいるでしょう。しかし、別の視点があれば、ここでの最も重要な仕事は、愛であり尊敬であることに気づきます。政治やビジネスの世界では、人は勝って、敵を打ち負かさねばなりません。そこには、愛も思いやりも、配慮もありません。

でも、ここでは勝つ必要はありません。皆さんは、陽の光を心ゆくまで楽しめます。こんな美しい日には、幸せで、笑顔がこぼれますね。自然の恵みを知らないまま過ぎていく世界に比べると、ここは本当に素晴らしい場所です。

苦しみや痛みには、人の理解を超えた意味が隠れています。私たちは、苦しみの中で互いに慰め合い、苦痛を少しでも軽くし取り除こうとします。痛みを取るために、医師や看護師や薬が誕生しました。苦しみから逃れるために手芸をしたり、美しいものを創ったりします。また、散歩やピクニックへ出かけて、自然を楽しみます。

それでも、人生には苦しみや痛みがどうしても残ります。苦しみの目的や意義は何でしょう。「苦しみを通して、愛や美しさが生まれてくる」ことではないでしょうか。人が苦しむのは、愛することを学ぶよう召されているからでしょう。つまり、神からの「愛」への召しだと、私は理解しています。マザー・テレサの仕事や皆さんのここでの働きは、その召しに応えた働きですね。

皆さんの中には、身体的な苦しみをもっている人や知的な障がいをもっている人がおられます。また、そういう人々を慰め、ケアする立場の人々もいらっしゃいます。また、牧師や、組織の責任者や事務を担当している人々もおられます。そういった違った立場の皆さんが、苦しんでいる人を愛し、その痛みを慰めるという美しい仕事に関わり、協力し合い、役割を担っているのです。

今日は、太陽の光や緑の木々や山々が目に映え、まるで美しい絵のような日です。しかし、この美しさはずっとは続きません。明日は雨かもしれません。この世のものは変化し、絶えず移り変わります。苦しみをとおして、人は、地上は仮の場所で、苦しみも一時的なものだと学びます。苦しんだことのない人々は、それを忘れ、目に見えるお金や地位や財産などに満足してしまう危険があります。苦しみを知っている私たちは、自分たちが素晴らしい目標に向かって進んでいることを忘れないでいましょう。いつの日か、私たちは、もはや苦しみも痛みもない状態で、再びみんなに会えるのです。その日まで、私たちを創造し、ひとりひとりを愛しておられる神を信頼し、希望に満ちた旅を続けていきましょう。

生きる希望を与える詩人

三一五号　二〇〇一年二月　理事長　長沢道子

一月三日と四日は、寒さに加えて、心もちくちく痛む惜別の日となりました。「ケアセンターさざんか」の利用者、鈴木千奈津さんがインフルエンザによる肺炎で急逝され、お通夜と葬儀が営まれたからです。千奈津さんは、小学校二年生のときの脳の動脈瘤摘出手術で血管が破裂し、四股マヒや言語障がいなどの重いハンディを負う身となった人です。

隣町・相良町にある「つくしの家」でリハビリに努め、右手をかすかに動かせるようになり、やがて、手に鉛筆を持って支えてもらえば字が書けるようになりました。これを発見したのはお母さんですが、これが千奈津さんの人生を大きく変えるきっかけとなりました。字を書くことで、自分の願いや意思を外に向かって発信できるようになったからです。

「ケアセンターさざんか」を利用し始めたのは、ちょうどそんな時期でした。スタッフの坂田さんと

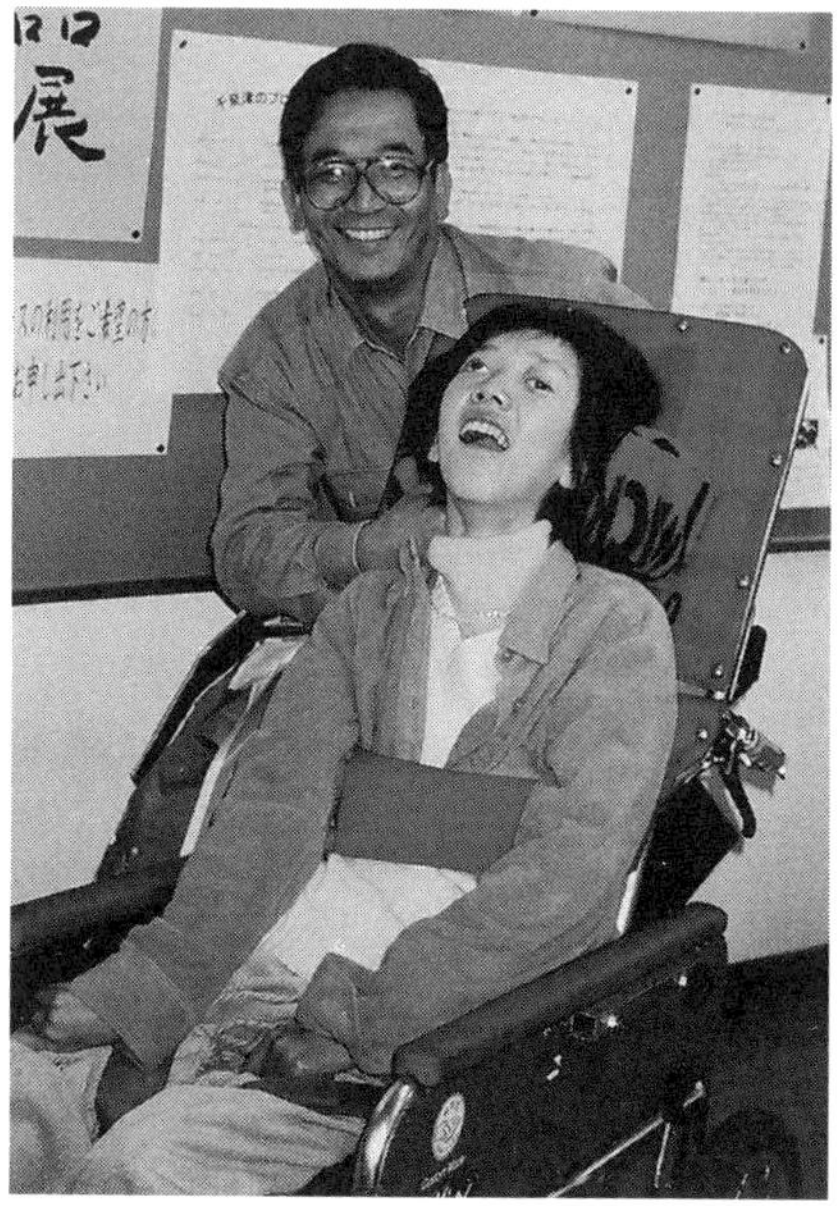
千奈津さんとお父さん

親しくなり、それをきっかけに、「さざんか」の関係者全員と仲良くなり、多くの詩を書くようになりました。「さざんか」の仲間とのふれあいはとても楽しかったようで笑顔がよくみられました。そういう中から、「表現できない人の代弁者になろう」という使命感が自然に生まれてきたのでしょう。こんな詩を残しています（次頁参照）。

昨年は、わたぼうしコンサートに千奈津さんの詩が入選。詩と絵の個展も幾度か開くなど、まだ十八歳の千奈津さんには、さらに多くの成長と活躍の場が広がっているように見えました。しかし、誰もが予想しなかった、突然のお別れとなったのでした。

お通夜と葬儀の日は底冷えするような寒い日でしたが、彼女の死を悼んで大勢の人々が集いました。もし、千奈津さんが健康で聡明な高校生として成長していたなら、これほど多様な人々を結びつけることができたでしょうか。車椅子とベッドが主な活動範囲だった彼女の人生が、自由に動き回る人の人生よりもはるかに多くの影響を残したことに、私は、神の不思議な摂理を覚えました。重い障がい者としての道を望む人はいないでしょう。しかし、その道は不幸に至る道ではなく、喜びと生の充実

遠足

ちなつ

えんそくは 久し振りに 行ったよ
あの頃とは ちがって
今の私は 車椅子
だれかに押してもらわなければ・どこにも行けれない
くたくたになるまで
あるけたら・どんなにか・
幸せだろうと思う
私は両方やったから
幸せだね
おかあさん ありがとう

幸せの時

鈴木千奈津

晴れた日が嬉しい
雨もまた嬉しい
風にゆれる草花を見て 心和む
朝の目覚めが
夜の眠りが やっぱり嬉しい
ご飯を食べる、
お茶を飲む
友達と会う すべて嬉しい
当たり前のことが嬉しい今
私は幸せなのだ
生きていることが嬉しい
それこそ
幸せの時

H11.4.20

にもなりうることを彼女は示してくれました。

参列者に対するお父さんのこんなご挨拶も、とても印象的でした。

「千奈津は障がいを負って以来、言葉で表せないほどの素晴らしい出会いや体験をしました。千奈津の詩が、絶望していた人に励ましを与え、自殺を思いとどまらせたり、生きる希望を与えるのを知って、我が子ながら、特別の使命を担って私どもに授けられた存在のように思えていました。こんなに早く壊してしまって申し訳ありません」

葬儀の帰路、やまばと学園の園児だった長男の義隆くんを亡くされた富永和子さんに、「お父さんが『申し訳ありません』と言われましたね」と言うと、彼女は「お父さんの気持ちが私にはよく分かる。私もヨッチャンが亡くなったとき、やまばとの人たちが大切に育ててくれていたのに、こんなことになって申し訳ないと思ったもの」と言われました。

重い知的障がいを負った人々は、千奈津さんのような創作活動ができなくても、それぞれ、なくてならない役割を担っています。家族をしっかり結びつける役割を果たしている人もいれば、その存在ゆえに、両親も兄弟も福祉施設のスタッフとなったり、医療従事者へと変えられていった場合もあります。重い知的障がいをもった私の義姉のみぎはさんも、弟の長沢巌に「やまばと学園」建設の願いを起こさせる存在となったのでした。

障がい者を抱える家族の苦悩や喜びは、第三者には計り知れないものがありますが、家族の連帯と絆、ともに歩む姿からは、いつも、多くのことを学ばされます。私どもの仕事は、ハンディをもっていても、高齢で病弱になっても、日々、その人らしく歩み、喜びと充実感に満ちた人生を味わえるよう手助けすることだといえます。

現実には一体どう対応したらいいのか戸惑うような困難なケースもありますが、逃避することなく現実としっかり向きあっていくとき、最も相手を助けることができ、自らも成長する体験をさせてもらえるのでしょう。

真に障がいのある人を重んじるとは

四二二号　二〇一〇年八月一日　神奈川県立保健福祉大学名誉学長　阿部志郎（講演）

「廃兵」という言葉を知っていますか？　九十歳以上の人は、幼少の頃「おまえは廃兵さんだ」といって叱られたそうです。役立たず、という意味ですね。戦前の日本は徴兵制で、二十歳になると軍隊に行った。「廃兵」とは、戦争で負傷した兵士のことです。傷つき弱い軍人は廃兵として、社会から捨てられたのです。

ある小学校で「将来なりたいもの」のアンケートをしたところ、男子の一位は、「プロサッカー選手」、第二位は、「プロ野球選手」でした。日本人は「同じ」ということが好きですが、もう一つ、「強いこと」も好きです。しかし、強さを大事にし弱さを軽んじる価値観は、変えていかねばなりませんね。今はまさにグローバルな時代です。グローバルな時代とは、違いを、恵みとして受けとめることでしょう。違いを喜ぶ心、これを養い、子どもたちに引き継いでいかねばなりません。

違いを嫌い、弱さを軽んじる風潮の中で、大きな被害を受けてきたのが障がいをもった人々です。特に、日本の社会では、障がい者への認識が貧しかった。その理由はいろいろありますが、一つは、儒教の影響でしょう。「身体髪膚《しんたいはっぷ》、これを父母に受く。あえて毀傷《きしょう》せざるは孝の始めなり」という有名な言葉があります。親から授かった丈夫な身体を傷つけないことが、孝行の始めだという意味です。障がいを持った人たちは、身体や心が傷ついているから親不孝者というわけです。今でも、障がい者や自殺者、犯罪者、幼少で死んだ人は、墓に入れないという風習が残っている地域があります。長沢巌先生は、障がい者のために働くことは、「闘うこと」だと言われました。自分の偏見との闘いだと。「差別に対する社会との闘いの前に、自分自身の中の偏見との闘い、罪との闘いがある」と言われたのです。

障がいをもつ人びとを本当に重んじること、これが、やまばとの精神だと思います。

今から五十年前、マリアンヌちゃん事件が起きました。父親がスウェーデン人、母親がアメリカ人。三人で日本に住んでいましたが、不幸にも両親がなくなった。制度に従って養護施設でマリアンヌちゃんを育てようとした日本に対し、スウェーデンから「引き取りたい」という申し出があり、裁判になった。結局、「スウェーデンで養育」となりましたが、その決め手となったのが、総領事の次の言葉でした。「スウェーデンには、一人の孤児に対して、養育を希望するボランティアが百名います」。当時、日本では、百名の孤児に対して、ボランティアが一人いるかいないかの状況でした。現在、日本で、親から離れ施設で暮らす子どもの数は、約四万名。そのうち、里親に引き取られる子どもの数はようやく三千六百名、かなり改善されても九％です。アメリカは七十六％、オーストラリアは九十一％。私たちはまだまだです。

これが長沢先生の「日本全体を共同体に」という発想につながります。長沢先生は、障がい者を特別の区域に囲むのではなく、「日本全体を共同体に」と言われたのです。「親に愛されない子どもがいるならば、市民が代わって愛します」、「地域がその子を守ります」。これが市民社会です。皆さんはその市民に代わり、市民を代表して、福祉の仕事をしている。一人の子ども、一人の障がい者に対して、百人のボランティアがいる地域社会を築くことが、目標であるでしょう。

障がい者は生きていてもしょうがないか

四八九号　二〇一六年九月一日　理事長　長沢道子

二〇一六年七月二十六日、衝撃的な事件が発生しました。相模原市の障がい者支援施設「津久井やまゆり園」において、入所者たちが刃物で襲われ、十九人が死亡したのです。元職員の容疑者は、「障がい者は生きていてもしょうがない」と供述しているといいます。園退職後は、措置入院させられたり、大麻を吸っていたとも報じられているので、普通の心理状態ではなかったことも推察されますが、この容疑者の「障がい者は周りを不幸にする。死んだ方がいい」という主張については、このさい私たちも考えてみる必要があるでしょう。

人間は、誰もがそういう残忍な思いや闇の部分を秘めていると思います。けれども、その闇の行き着く先は、原水爆の使用と同じように、自分と人類全体の命を破滅させるものだということをよくよく承知するべきでしょう。人は誰もが本来弱い存在であり、いずれ年老いていきますし、いつでも障がい者になりうるリスクにさらされています。障がい者を排除し抹殺しようとする思想は、自分とすべての人の命を脅かすことになると気づくべきではないでしょうか。

長年、知的障がい者といわれる人たちと交わってきて感心するのは、彼らが本当に「ともに暮らしやすい人たち」であることです。中には、重複障がいや不安定な生育環境のためにコミュニケーションが困難な人もいますが、多くの人は「ともに暮らしやすい」のです。障がい者施設で働いた人たちが「同僚たちとは嫌な思い出も残っているけれども、ご利用者については、ほほえましいことしか浮かんでこない」というのも当然のことかもしれません。

我が家でともに暮らしたみぎはさんも初子さんも、読み書きはできませんでしたが、心が安定していて思いやりがあり、一緒にいてホッとする人たちでした。愛子さんも幸代さんも、排尿排泄など生活上の支援は必要でしたが、他者を傷つけることは一度もありませんでした。

職員のAさんは、最重度の知的障がいをもつB君と散歩するたびに、風や光、草花をゆったり楽しむ彼を見て、「自分は何とちっぽけなことでくよくよしているのだろう。もう思い悩むのは止めようと気づかされる」と話しています。

この人たちがもつ大らかさと人を受容する力は、なくてはならない、共生社会のお手本であり、「障がい者は周りを不幸にする、死んだ方がいい」存在などではありません。

自分と他人の中にある弱さを、排斥したり隠したりせず、ありのままに認め、受け入れ、互いに補い合い、助け合っていくことこそ、人が生きるということではないでしょうか。今回の悲劇が少しでも良い流れを生み出す機会となるよう、祈らずにはいられません。

役に立つ人間とはだれか

四八九号　二〇一六年九月一日　理事長　長沢道子

牧ノ原やまばと学園が最初の施設を開設する一年前の一九六九年、施設開設に力を注いだ長沢巌は、横須賀キリスト教社会館館長の阿部志郎先生を訪ね助言を求めます。先生からは、「『社会の役に立たない子どもたちに多大のお金と人手とをかけることにどういう意味があるか』という一般の人々の問いに対して答える用意がなければならない」と言われたと記しました。

長沢は、「この子どもたちは『役に立たない』というが、それでは『役に立つ』人間とはだれか」と問いかけています。「普通役に立つ人、有為の人材といえば、頭の良い人間を考えがちで、事実学校などではテストの成績で子どもを評価しているわけです。しかし、頭の良さがそのまま役に立つかといえば決してそうではない」として、「三億円強奪事件の犯人の知能は相当優秀だと思うのですが、残念ながらそれは良い目的のために使われなかった」ことを例にあげています。

「もしかして、今の世の中でいちばん悪いことをしている人間は、もっともっと頭が良くて、法に触れるようなことをせずに、しかも大衆の犠牲の上に立って飽くなき利益追求をしているかもしれません。このようにして、「頭が良いこと」＝「有用」というものさしが、人間の価値を計るのに適当でないということが明らかになる」というのです。

この文章を書いた長沢自身は、一九八三年髄膜腫摘出手術の不成功により、「やまばと学園」の誰よりも重い心身障がい者になってしまいました。夫が最重度の心身障がい者になったことは実に無念でしたが、深刻な事態の中でも幸いだったのは、周囲の人々の暖かい姿勢が変わることはなかったことです。また、日頃から「人はいずれ弱くなる。その時は、お世話してくれる人に感謝してこの身を任せます」と語っていた夫ですから、重い障がいを負っても絶望することなく、無力さ・弱さを受け入れているだろうと推測できたことです。

「障がい者は生きていてもしょうがない」という考えは、人間が本質的には弱い存在であることを知らないか、知っていても、その事実から無理に目をそむけた考えでしょう。今は元気であっても、交通事故や病気によって、いつ障がい者になるか分かりません。また加齢とともに弱くもなります。強い人間、優れた人間であり続けることは不可能であり、砂上の楼閣を築くに等しいのです。

働くということ

保護ではなく

四号　一九六九年九月　長沢　巌

やまばと学園の果たすべき役割は、単なる保護、悪い言葉を使えば「飼い殺し」であってはなりません。できるだけ身辺の自立を達成し、能力の最大限の開発を目指し、「保護」とともに「教育」を仕事の眼目にします。どんなに知恵の遅れた子どもであっても、自分のうちにある可能性をできるかぎり実現させるという意味での教育を受ける権利をもっているはずです。わたしたちは、ほんとうの意味で子どもを大事にするとはどういうことかを真剣に考えなければなりません。

また、やまばと学園が完成した後の目標として、成人施設建設の必要性を感じています。どんな重度知的障がい者であっても、生涯安心してくらせるような、そしてたとえどんな単純な労働ではあっても、能力に応じて従事できるような、そういう施設を作りたいと思います。

お年寄りの作業が生産活動に

二〇八号　一九九二年三月　榛原教会牧師　戸井雄二

去る二月十一日、教会の婦人会の有志が聖ルカホームを訪問しました。朝八時半からのホームの礼拝に皆で参加をし、九時ごろから仕事にとりかかり、午後二時まで昼食休憩の時間も含めてずっと建物の中で過ごしました。自室にいる人、ホールでテレビを見ている人、リハビリや作業をしている人など、お年寄りの過ごし方はまちまちですが、バラバラという感じはなく、同じ屋根の下で生活をともにする人のつながりと安心感を覚えました。

作業といえば、皆さん時間になるとそれぞれ車椅子を押して作業室に集まります。これまではホールのテーブルを囲んでの「おしぼり巻き」が多かったのですが、今回は別の仕事もありました。今年になってから始めたそうですが、小さな豆電球を一つ一つ豆ソケットにはめていく作業に、男女数人のお年寄りが取りくんでいました。中には片手しか使えない人もあり、それでも黙々と仕事に励んでいました。

こんなことを書くと、特別養護老人ホームの中で内職をさせていると問題になりそうですが、聞いてみるとこの「内職」の労賃は千個仕上げて百円何がしになる由、とてももうけるどころではありません。茶目っけのあるYさんが笑って言います。「コーヒー一杯を皆で飲む、いや舐めるくらいだね」見ていると、この作業もリハビリの一環として行われていることが、よくわかります。そしてここで仕上げた「製品」はまちがいなく工場に運ばれて小さな部品として使用されるはずですから、お年寄りの作業が社会の生産活動につながることになります。

人が動くと書いて働く

二六一号　一九九六年八月　元県立静岡北養護学校長　池上　登（講演）

障がいがあってもなくても、すべて人というものは、さまざまな経過をへて成長していくわけで、今成長がとまっているように見える子でも、決して失望せずに、幸せな生き方ができるよう、できるだけ援助していかねばなりません。

私は、「人はどんなに障がいが重くても働くことができる。そして働くことは生きがいに通じる」と考えていますので、よく、あちこちでそういう話をします。すると決まって、「寝たきりの人でも働けるんですか？　どうやって働くんです？」と質問されます。

皆さん、「働く」という字をよく見てください。「人」が「動」くと書いて、「働く」という字になるでしょう。人は動けさえすれば働けるわけなんです。ただし、いくら身体が動いても、人の物を盗んだり、こわしたり、人を苦しめたりするのは働くとはいい

「作業所は楽しいよ」と年長の利用者

ませんね。働くことの中身は、人を喜ばすことなんです。そう考えると、寝たきりの子でも立派に働くことができますよ。ちょっと目を動かしたり、足を動かしたりするだけで、まわりの人は、「あ、見た、見た、こっち見たよ」と言って大喜びするでしょう。自分の身体を動かして、周囲を喜ばせるという、たいへん良い働きをしているわけなんです。

皆さんがともに暮らしているやまばとの人々も、立派に働けるはずです。この人たちの「働く力」を高めてあげることが、生きがいをふくらませることにもなり、たいへん必要だと私は思います。どんな人も生きがいを感じ、その人なりの幸せな生き方ができるよう、心をこめた交わりや優しいふれあいを、毎日毎日していただきたいと思います。学校と施設ではちがいはあると思いますが、人間の心はみんな同じだと思います。

権利を尊ぶ

命の保護から始まる「学園」の役割

四号　一九六九年九月　設立準備委員長　長沢　巌

私たちはこの子たちに、何をしなければならないでしょうか?　仕事の第一は「保護」です。社会的には役に立たないと考えられる子どもたちですが、人間としての価値に変わりはないと信じて、その権利を守ることが私たちの仕事です。その仕事は最も基本的な生命の保護から始まります。

一方、「保護」が「隔離主義」につながることは警戒しなければなりません。一般社会で幸福に生きることがむずかしい重い知的障がいのある子たちのために、楽園のような施設をつくりたいと思います。しかし、それが社会から隔離されるのは誤りでしょう。施設に入れて隔離するのではなく、社会の一員として、むしろ家庭に帰すべきだと、今日西欧においては考える傾向があります。

重度者のための収容施設は今後も必要でしょうが、社会に対して開かれたものにしなければなりません。何よりも家庭との交流が必要です。また、地域の人々がボランティアとしていつも出入りすることが望まれます。施設の職員は親にはできない指導を受け持つ半面、親の愛情の肩代わりをすることはできません。この点、小羊学園が親の参観をいつでも許したり年間五回の休暇を設けて子どもを

みんなで店で買い物（右奥が長沢理事長）

家に帰したりしているのは新しいあり方だと思います。

そしてやまばと学園の果たすべき役割は単なる保護、悪いことばを使えば「飼い殺し」、であってはなりません。彼らのうちに潜んでいるたとえわずかな能力でも、これを十分に伸ばすことが、結局、彼らを本当に人間として尊重したことになります。ひとりで食事ができるようになるとか、おしめがなくてもすむようになるとかいう、生活のごく基本的な事柄が達成されるだけであっても、この子たちにとっては実にすばらしい進歩であるわけです。重度の子どもの場合、一生かかっても三歳の幼児の知能水準を超えることはできないといわれていますが、その水準までは、遅々としてはいても、成長し続けることを忘れてはなりません。そこで申請書にも「できるだけ身辺の自立を達成し、能力の最大限の開発をめざし」ということをうたったわけです。

ということは、「保護」とともに「教育」を私たちの仕事の眼目にするということです。やまばと学園の「学園」という名前はこの施設が教育の場であることを表しています。どんな子どもであっても、自分のうちにある可能性をできるかぎり実現させるという意味での教育を受ける権利をもっているはずです。施設の中に学校の形を持ち込まなければならないということではなく、職員は子どもたちをほんとうの意味での教育者の目をもって見なければならないということです。

重症心身障がい児の施設などのこれからの問題は、子どもを「患者」として簡単に処理してしまう――たとえば少しでも歩く力をもっている子を、車つきのベッドで運搬してしまう――というところにあると思うのですが、私たちはほんとうの意味で子どもを大事にするとはどういうことかを真剣に考えなければなりません。

最後にもう一つ問題になるのは、この子たちが一生かかっても知能年齢が三歳を超えられないならば、十八歳未満という精神薄弱児施設の年齢制限は意味がないということです。そこで、やまばと学園完成後の目標として、成人の施設、あるいはコロニーを建設する必要を感じています。手をつなぐ親の会のもう一つのスローガンに「親なきあとの保証」とありますが、どんなに重い障がいをもっていても生涯安心して暮らせるような、そしてどんな単純な労働にではあっても能力に応じて従事できるような、そういう施設をつくりたいと思います。そのためにはまず目前のやまばと学園の建設を、皆様のご協力を得て立派にやり遂げたいと念願している次第です。

基本的人権と児童憲章

一七号　一九七一年十一月　運営委員長　長沢　巌

私たちは、障がいのある子どもたちが、他の子どもたちと同じように教育を受ける権利をもっていることを主張します。これはすでに憲法で保障されているはずです。

「すべて国民は、法律の定めるところにより、その能力に応じて、ひとしく教育を受ける権利を有する」（第二十六条）。

「国民は、すべて基本的人権の享有を妨げられない。この憲法が国民に保証する基本的人権は、侵すことのできない永久の権利として、現在及び将来の国民に与えられる」（第十一条）。

この基本的人権は、重度知的障がい児にも保障されているのです。同じ日本国民として、同じ人間としてこの世に生を受けているからです。数年前の厚生省の調査によると、知的障がい者が全人口の中で占める割合は四パーセントでした。かなりの比率で知的障がい者は出現するのです。

そう考えると、心身障がいは誰にも起こりえることです。また、年をとれば他人の世話にならなければならない時が来ます。それは重度障がいと同じような状態になることでもあります。だからこそ、その知能の優劣によって人間の権利に差をつけることがあってはならないはずです。

親にとってこの子たちはまさにかけがえのない存在なのです。彼らに接していると、彼等こそ私たちの失っている「神のかたち」の原型の所有者であることに気がつきます。イエスは、「だれでも幼な子のように神の国を受けいれる者でなければ、そこにはいることは決してできない」と言われましたが（新約聖書・マルコによる福音書十章十五節）、やまばとの子たちは「永遠の幼な子」なのです。

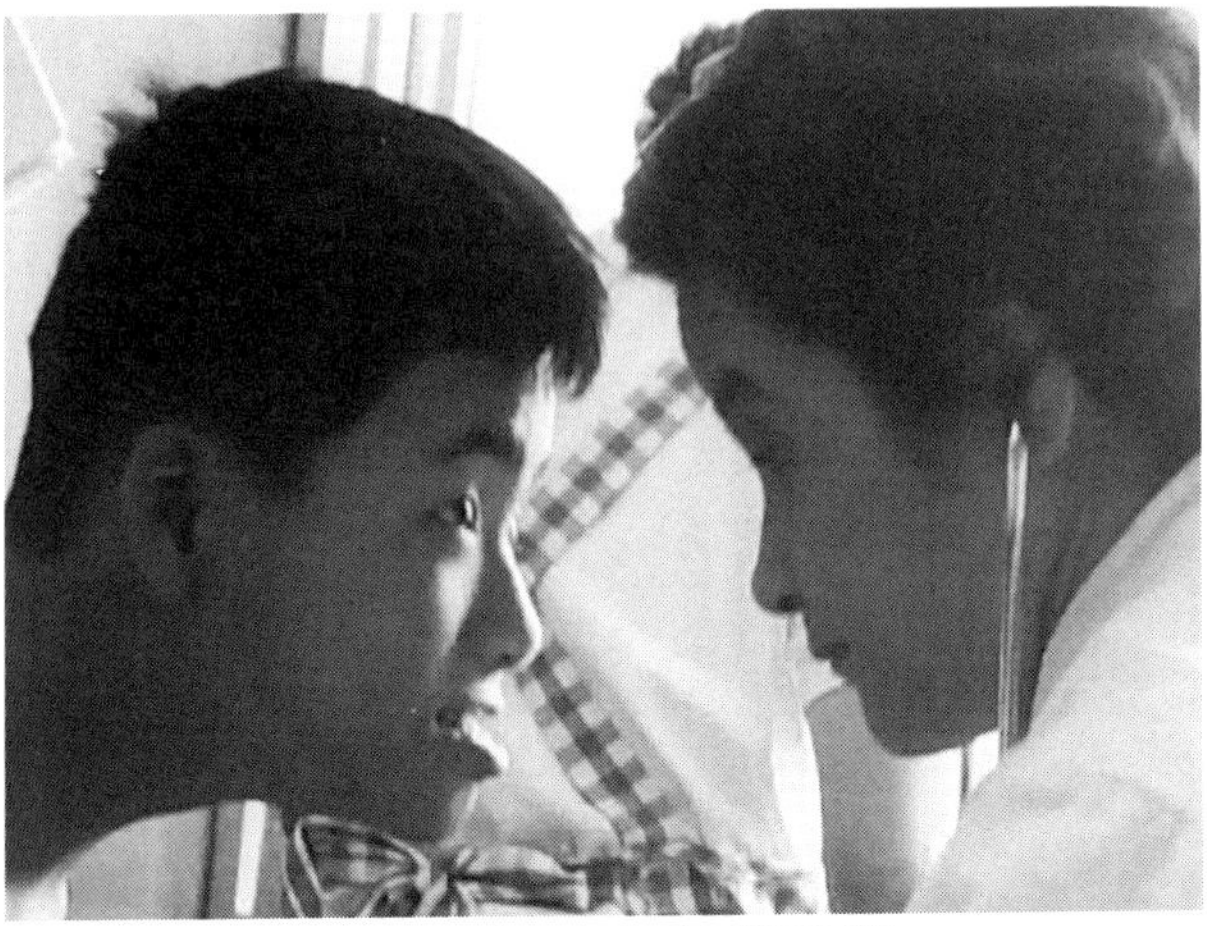

聴診器を手にしたドクターと、やまばと学園園児

彼らのために施設を建てて、そこで、「教育」を行うことはなかなか一般に理解されにくいかもしれません。そこで、私たちはまず彼らの基本的人権についてしっかりした確信を持つ必要を感じるのです。

昭和二十六年にできた「児童憲章」の前文には、

「すべての児童の幸福をはかるために、この憲章を定める。

児童は人として尊ばれる。

児童は社会の一員として重んぜられる。

児童はよい環境の中で育てられる」

とあります。一方、本文には、

「四、すべての児童は、個性と能力に応じて教育され、社会の一員としての責任を自主的に果すように、みちびかれる」とあります。

これによれば、「教育」の対象は一応「すべての児童」とされているものの、「社会の一員としての責任を自主的に果す」ことが望めない場合は除外されています。他方、心身障がい児に対しては「治療と保護」だけが約束されていて、「適切な」教育が考えられていません。これでは前文の精神が十分生かされているとはいえません。このへんの理解の足りなさが、今日の知的障がい児の被教育権の問題を招いたともいえるでしょう。

「引き出す」ことこそ「教育」

一七号　一九七一年十一月　運営委員長　長沢　巌

重度の知的障がいがあっても教育を受ける権利があることが、必ずしも特殊学級への通学を意味するわけではありません。ただ、彼らが与えられている精神的・身体的能力は、最大限に伸ばさなければなりません。彼らの人権を尊重するには、まずその生命を保護し障がいに応じた治療を施さなければなりませんが、同時に人間としての発達を保障しなければなりません。

そうした方針が学園で日夜実践されている指導では、「排泄」一つとっても、当初は考えられないような進歩が生まれています。全然立つこともできなかった子どもが自由に歩くようになる事件もありました。訓練の結果、潜在能力が開発されたのですが、この隠されているものを「引き出す」ことこそ「教育」にほかなりません。

やまばとのような施設は、文部省ではなく厚生省の管轄にあり、政府からの「委託措置費」には「教材費」等の教育に関する費用はまったくありません。政府に対し、現在施設で実施している指導が立派な教育であると認め、それに基づいた予算的、法律的な措置を要求したいと思います。

この子たちの教育は生涯続けられなければなりません。そして、生活年齢に応じた教育の方法も考えなければならないでしょう。「やまばと成人寮」における教育のあり方はまだまったく未知数ですが、確かなことは、すでに現在の学園の子どもたちの間にその芽生えが見られます。子どもたちは、「働く喜び」を知りつつあるのです。

障がい児の権利と職員の権利

三五号　一九七四年十一月　運営委員長　長沢　巌

一般の職場の労働条件の向上を考えれば、施設職員の待遇改善の要求が激しさを増すのは当然です。待遇改善することで、施設がだれでも勤められる職場になっていきます。それは重要なことです。けれども、一方で、そのために、施設の仕事の本質を見失う危険があるのではないかとも思えます。

職員の勤務時間が短くなれば、当然園児・寮生に接する時間も短くなります。それを徹底すれば、すでに一部の施設で見られるように、洗面の指導を朝食後に行うなど、対象者にとって非人間的な取り扱いも起こり得るのです。

ここで園児・寮生の権利と、職員の権利がぶつかりあいます。そのことは、はたして社会福祉の仕事が「職業」として成り立つかどうかという根本的な疑問につながります。つまり、私たちが職業の対象として彼らを見ると、どうしても時間によって労働を切り売りすることになって、ともに生きることはできないのではないか、という問題に行き当たるのです。

人を活かす力

五〇一号　二〇一七年十月　認定NPO法人「抱樸」代表　奥田知志（講演）

二十九年前にホームレス支援を始めた時、いちばん重視したのは、彼らが何に困っているかを見極めることでした。ホームレスといっても、目の前にいるのは、山田さんや田中さんであり、実際には個別支援しかありません。一方で、彼らに共通の問題もあります。ハウスレスとホームレスです。ハウスレスは、家がない、仕事がない、健康保険がないなど、経済的困窮につながっています。支援としては、弁当の配布や炊き出し、アパートを備えて再就職につなげるといったことをして、おかげさまで二千何百人かが自立しました。

自立した人のアパートに行くと、段ボール箱に入っていた人がお風呂に入って、台所でご飯も作っている。「また来ますね」と振り返ると、身ぎれいではあるけれど、部屋に一人ぽつんと座っている。その姿は、ホームレス時代、駅の通路で段ボールを敷いて座っていた姿のまま。一体何が変わって、何が変わらなかったんでしょう。ハウスはできてもホームと呼べる家族や仲間がいない。人との関係がないんです。そこで、ハウスレスとともに、ホームレス問題にも取り組むようになったわけです。

野宿のおじさんたちは、自分たちのご飯をエサと言います。犬や猫のように残飯をあさるからエサだというのですが、我々が炊き出しで渡すものは「お弁当」というのです。エサとお弁当はものとしては何ら変わりません。捨てられたコンビニ弁当の方が豪華なことだってあります。でも、彼らは明らかにあちらをエサといい、こちらをお弁当というんです。

何がちがうんでしょう？　それは、人が関わり、そこに物語があるかどうかだと思います。お弁当には、「あなたに生きていてほしい」という思いや「あなたともう一回会いましょう」という物語がついているわけです。それが、人を活かす力なのです。

第二章

やまばとの原点

子どもの成長とともに親は年を取り、体力が衰えて、子どもの世話は大きな負担になります。親の心をいつも離れないのが、自分が世を去った後の問題です。子どもの将来を安心して任せられる人がいなければ、死んでも死にきれない思いでしょう。

牧師として施設に仕える

学園紛争の只中だった頃、対応に追われる長沢を見て気の毒に思い、「学問の道に進んでいたらよかったとか、牧師として教会だけの仕事に関わっていたらよかったとか後悔することはありませんか?」と聞いたことがあります。彼の返事は、「まったくない」でした。「福音を伝えることと愛を実践することが自分の願いなので、今のように、現実の人間の問題に関わることができて満足している」とのことでした。私だったら「そんなに私と意見が違うのなら、職場を退いたら?」と厳しく言うかもしれないような相手とも、長沢は対話を続けました。そのために、問題が長引いたとしても、紛争に関わった人たちは、長沢が真摯に相手を理解しようと努め、対話し続けたことは認めるだろうと思います。彼は物静かで優しい人ですが、神に全面的に頼りながら、不言実行、自分のなすべきことを、たとえ自分に不利でもやり遂げる強い意志をもっていました。

結婚当時、私たちはグループホームで障がいのある方々数名と暮らしていましたが、その中の一人A子さんが、ときどき朝一時頃起きて、二階から階下へダダっと降りて行き、廊下に寝そべって、時には失尿したりするのです。私は、夜十一時頃までは付き合いますが、それ以降は疲れ果てて寝たままです。すると長沢は起きあがって、A子さんを部屋へ連れ戻したり、時には毛布を掛けたりしていました。

そして翌朝六時半からの早天祈祷会へ出かけるのです。当時は月曜日から金曜日までありましたが、特別の事情がない限り、欠席することも遅刻することもありませんでした。冬の寒い日でも、長沢は静かに起き、その後起床する私のためにストーブをつけてくれました。

当時のやまばと学園は会議が多く、しかも、長時間話し合うのが常でした。土曜日も来訪者との面談や仕事があり、説教の準備は大丈夫かしらと私の方が心配になるほどでした。夜十一時頃就寝しようとする長沢に「明日の説教の準備はできました？」と聞くと、「まだできていない」といいます。「朝になると神様が教えてくれるから大丈夫」とのことでした。

数年後、土曜日は書斎にこもって一日中説教の準備に余念のないC牧師に、この印象深い話をしたところ、「神様は、どうして僕には教えてくれないんだろう？」と即座に言われ、大笑いしたのでした。

やまばとの原点

できることから社会を変える

一号　一九六八年十月　牧ノ原やまばと学園設立準備委員長　長沢　巖

榛原教会に赴任してからの十年間は、榛原教会と私自身の本格的な伝道の準備期間だったと思います。今後十年間、そしてさらに長期にわたっての教会の働きを考えた時、私たちはことばによる宣教とともに、地域社会に対する奉仕を行っていくべきであるという結論に達しました。聖書に次のようなイエスのたとえが載っています。「神の国を何にたとえようか。パン種のようなものである。女がそれを取って三斗の粉の中に混ぜると、全体がふくらんでくる」。

教会はメリケン粉に混ぜられたイースト菌のように、たとえ少数であっても地域全体にとって、なくてならない存在でなければならないと私たちは心に期しています。

榛原教会に前後十年間奉仕され、今年定年で帰国されたカナダ婦人宣教師マクラクラン先生と私は、最後の五年間、ともに当地で働く機会に恵まれました。先生は、ご自宅を開放して、農繁期託児所を始められました。その経験から、私たち日本人は、何でも「お上」がやってくれることを期待していると気づかされました。やってくれないと批判はしますが、まず自分たちができるだけのことをやっ

マク先生（左）と長沢牧師

て、社会全体を下から変えようという意欲がないのです。

榛原教会の婦人会は、マクラクラン先生が去られた後もこの託児所を継承・発展させ、今年十回目を迎えました。この仕事をとおして、私たちの教会が、地域に奉仕する姿勢をとらされて来たことを感謝しなければなりません。

一方で、二年ほど前に、「手をつなぐ親の会」の存在を知りました。榛原教会の姉妹教会である相良教会の会員で、すでにお隣の相良町で活動している役員さんの導きで、榛原町にも志を持っている方のあることを知りました。そこから、榛原町手をつなぐ親の会が昨年二月に結成され、手をつなぐ輪もしだいに広がってきました。

教会もこれに協力し、夏冬の「一日保育」の応援に出ています。親の会では、最初から「この榛南地方にどうしても施設がほしい」という話がでていました。そこで教会でも、施設づくりで地域に貢献することはできないかと考えはじめましたが、どういう形がよいかは、なかなか見当がつきませんでした。

この漠然とした夢が急に明瞭な形をとり始めたのは、昨年十一月、教会が属している東海教区の集会で聖隷保養園理事長の長谷川保氏にお会いしたことによります。「榛原に施設をつくるのなら、聖隷保養園の名前でやりなさい」と親切に言ってくださったのです。早速教会に帰って相談し、ありがたくお受けすることにしました。これが施設を一日も早くという要望にこたえる最も現実的な方法であり、同時に、キリスト教主義の精神によって運営される施設にも独自の使命があると考えたからです。私たちは、小羊学園と同じ重度の知的障がいをもつ子どもたちの施設をめざすことにしました。このような施設は、最も必要とされながらも、仕事の困難さのために建設の見込みが少なかったからです。

やまばと学園の目ざすもの ―二つの特色

二号　一九六九年一月　設立準備委員長　長沢　巖

牧ノ原やまばと学園の建設は、思いがけないほど多くの方々のご協力をいただき、もはや夢ではない実現の段階に入っています。現段階でいちばん必要なことは、設計や資金計画ではなく、学園の性格をはっきりさせることだと思います。

本学園は、重度精神薄弱児施設です。もっとも、法的にはそのような識別はなく、一般の精神薄弱児施設に含まれます。障がいの程度に軽度、中度、重度の三段階があるわけですが、軽度の子どもたちは学校の特殊学級に入るのに適しており、中度の場合は普通の施設に収容されます。けれども、IQ（知能指数）三十五以下の重度の子どものための施設はきわめて少なく、それを私たちがつくろうとしているのです。

同じように設置が待たれている施設に、重症心身障害児施設があります。「重度」と「重症」は混同されやすいのですが、重度の心身障がいとは、重度の知的障がいと重度の肢体不自由とを併せもった状態を意味します。一方、「動く重症児」と呼ばれる子どもたちは、身体は元気で動き回り、片時も目を離すことができないので、それ以上に大変だといわなければなりません。実際には、重い知的障がいは身体の障がいを伴うことも多く、視覚や聴覚に重複障がいを持った児童もいます。現在、そういった子どものための専門施設もほとんどないため、いずれ私たちがお預かりしなければならないでしょう。重度精神薄弱児施設はほかにもいくつかありますが、やまばと学園は次の特色をもっています。

一、キリスト教精神による奉仕

重度精神薄弱児施設を開設するうえで最も大きな障がいは働き手の獲得です。かりに人が得られても、自発的な奉仕の精神がなければ、長続きしないでしょう。われわれは「これらの最も小さい者の一人にしたのはすなわち、私にしたのである」とのキリストのことばに基づき、喜んでこの子らの重荷を、ともに背負いたいと思います。児童の指導については、同じキリスト教主義に立って実績をあげている小羊学園に学ぶことができ、また医療その他の面では、幅広い社会福祉事業を行っている聖隷保養園の諸施設がこれを助けることができます。

二、地域社会との結びつき

宗教的性質を持った施設だからといって、地域と切り離された、独善的な行き方をしてはなりません。幸いこの施設建設の運動は、「手をつなぐ親の会」の会員たちの要望から生まれ、設立準備委員会にも榛原町、吉田町、相良町の「手をつなぐ親の会」の代表者が加わっており、広く榛原地方の一般の協力を期待することができます。開園のあかつきには、一日保育、機能訓練、在宅時の臨時介護などを行って地域の福祉に貢献し、また反面、住民有志のボランティア活動を受け入れるなどして、地域社会との結びつきを深めたいと考えています。

三、キリスト教の信仰

やまばと学園の建設計画話し合いに集まった設立メンバー

「教育」しても社会の役に立つ見込みがまったくないこの子どもたちを、なぜこんなに人手とお金をかけて面倒を見なければならないのでしょうか。それは、神がこの子らを生かし、私たち一人一人と少しも変わらない価値をもった人間として愛しておられるからです。放置されているままでは、彼らのその人間としての権利は無視されてしまいます。だからこそ、私たちは彼らが本当に重んじられる学園を建てるのです。

実際に彼らの世話には、愛情、それも「失われたものを探し求める」キリストの愛がなければなりません。しかし、そのキリストの愛は、私たち自身にまず向けられねばならないのではないでしょうか。私たちはこの子らをほんとうに愛することができない。その意味でいつも罪を犯さずにはいられない者です。それゆえにこそ、私たちは絶えず神のゆるしを受けて、新しく立ち上がらなければなりません。

このような信仰と「地域社会との結びつき」は矛盾するようにも思えます。キリスト教は排他的な宗教のようにいわれますし、事実過去においてそのような過ちを犯したことを反省しなければなりません。私たちは神のみを絶対的な方とするのであって、自分を、そして自分の信仰すらも絶対化してはなりません。そこに他宗教の方々、また神を信じない方々との間の対話の道が開けます。私たちは神がすべての人の「父」であると信じますので、地域の皆さんとこの奉仕の仕事において協力できることを心から喜んでいるものです。

「あなたの家のある所には、心もある」

三号　一九六九年五月　長沢　巌

施設を建設するには資金が必要です。現実には、補助金だけでは到底まかなえない建設の費用の半分は、寄付金及び借入金によってまかなわなければなりません。この借入金は、将来与えられる寄付金で徐々に返済していかなければなりません。こうした状況は、決して望ましいとは言えませんが、そこに一つの意義を見いだすことができます。それは、私たちの施設が民間であり、世の多くの人々によって直接支えられて運営されていくべきものだということです。聖書に「あなたの家のある所には、心もある」ということばがありますが、やまばと学園への寄付という具体的な行動をとおして、数多くの方々の心がこの学園に結びつけられるでしょう。

家庭では耐えきれない重荷を負う

四号　一九六九年九月　やまばと学園後援会発起人　林　明

社会福祉国家といわれるスウェーデンやデンマーク、フィンランドでは、社会福祉の諸施設はすべて公立だと勝手に思い込んでおりましたが、実情はそんなに単純ではないことがわかりました。たしかに、それらの国々では、社会福祉政策は随分徹底しており、施設も充実していて、日本がこのレベルに達するのはいつ頃だろうかと考えると、ため息の方が先に出てしまうほどです。しかし、それほどきめの細かい政策でも、やはりその網の目からさえ落ちる人々が決して少なくないそうです。それらの国々のキリスト教会は、いつでも社会の最も低いところの人々に手を差し延べて奉仕しているとのことです。その目標は、重症心身障がい者のすべてを施設に迎えてお世話をすることだそうです。どんなに、愛情と理解に満ち、豊かな家庭でも、長い年月の間には家族の間に不平や不満が出てくるもので、そうなれば、本人はもとより、家庭にとっても不幸なことであります。

そのような人を、家族にもった方々の不幸を、施設が肩代わりして、少しでも重荷を軽くして差し上げようというのが、その願いであります。

やまばと学園設立の目的もそこにあります。普通の家庭では耐えきれない重荷を、社会に代わって負っていこうとするのです。それを「やまばと学園」という施設がするのではなく、そこで働こうとする人々が、隣人の不幸を自分のこととして受け止めたところからやまばと学園の働きは始まっているのです。

このことは、やまばと学園の発端をみればよくわかります。榛原教会において、長沢牧師をはじめ、大井淳地さんや宮崎道子さん、その他何人かの方々が、重荷を負った方々の不幸を座視することができず、また、そうした人々を少しでも人並みにできればという切なる願いが、ついにやまばと学園という一つの施設を生み出すまでにいたったのです。施設を開設できるかどうか、まるで海のものとも山のものともわかっていない頃、すでに何人かの働き手の希望者があり、来年三月開園といういま、ほとんどの働き人が確保できている施設なぞ、他にそれほどあると思えません。志があり、人が集って、施設をつくる。これが社会福祉施設の本当の姿だと思います。この五月末に開設した浜松市の身障児訓練センターでは、せっかく立派な施設ができながら開店休業の状態であると伝えられています。いろいろな不利な条件が重なってこんな結果になったのだとは思いますが、要は中心になって運営する人のないことが、いちばん大きな問題だと思います。これをお役所仕事というのでしょう。

確かに、金があれば、建物や設備は整えることができます。でも、そこで志をもって働く人を得ることは、誠に困難なことであります。やまばと学園では、いちばんむつかしいといわれる人の問題はすでに解決できています。施設の主軸になって働かれる、大井淳地さんは、二十年にわたる中部電力のお勤めをやめて、背水の陣を布いて、開設準備に専念されました。県でも来年四月開園を強く要望しているとのことです。

かつて、津田英学塾の創始者津田梅子女史は、志をもつ教師と、勉学する意欲をもつ学生があればよしとして、借家で授業を始められたそうですが、社会福祉施設は、どうしても設備が必要でありま す。「最低限これだけは」などと、ケチるのではなく、できるだけよい設備を整えて、もの言えぬ子らに、贈りたいものであります。

いちばん手のかかる障がい児をお世話する

四号　一九六九年九月　設立準備委員長　長沢　巌

やまばと学園は児童福祉法でいう「精神薄弱児施設」で、身体障害児施設ではありません。精神薄弱はいわゆる精神病とは違います。さまざまな原因から脳の発達そのものに重大な欠陥があるものを精神薄弱と呼びます。医学的に定義すると、「先天的または後天的ないろいろの原因のため脳の発育が阻止され、そのため恒久的に知的能力が劣り、事故の身辺のことがらの処理および社会生活への適応も著しく困難な状態になったもの」ということになります。人間の知能は脳髄の働きによるものですから、脳の発育が阻止されるということは、当然知的な能力の遅れとなって現れるわけです。

そういうわけで、近ごろは「知恵遅れ」という言葉が使われています。精神薄弱児（者）も、知恵が遅れている、つまり知能の点では永久に小児の段階でとどまる者としてとらえるのは根本的に正しいと思います。そうした子を持った米国の作家パール・バックは、「決しておとなになれない子ども」という名文句を残していますが、私も自分の姉を見ているとそのことを痛感します。すでに四十歳を越えている姉は、いまだに「ごはんをたくさん食べると大きくなるね」とか、「大きくなったら、自転

成人寮の寮生とスタッフ

車買って！」と言い続けているのです。

低ＩＱ児という呼び方もされます。ＩＱとは知能指数のことで、百を標準にして、だいたい七十五以下が精神薄弱とされています。もっとも、知能指数だけで判定することは危険で、いろいろな観点から総合的に判断する必要があります。一応ＩＱ七十五―五十を軽度、五十―二十五を中度、二十五以下を重度というように呼んでいます。私たちがお預かりしようとしているのは最後の重度の子どもたちなのです。厚生省通達による重度の入所対象児童は、

一　ＩＱ三十五以下の精神薄弱児で日常生活の介助を必要とし、問題行動を有し、社会生活への適応が著しく困難なもの。

二　盲、ろうあ、肢体不自由であって、ＩＱ五十以下の精神薄弱児。

となっており、やまばと学園にはおもにこの範囲内の児童（十八歳未満）が入ることになります。入所の選考は児童相談所が当たりますが、私たちも、どの程度の子どもたちまで迎えるかという考えをハッキリさせておく必要があるでしょう。今の段階でいえることは、やまばと学園が医師と看護

婦を主体とした病院式の施設ではないことです。ですから寝たきりの子どもさんを入れることはできません。しかし「動く重症児」と呼ばれる、知能が非常に低いにもかかわらず、いやむしろそれだから目を離すとどこまでも飛んで行ってしまう、家庭にとっていちばん手のかかる障がい児をお世話するのが、私たちの施設の一つの大きな使命です。

知識と愛情—この「器」に愛を盛る—

七号　一九七〇年三月　設立準備委員長　長沢　巌

やまばと学園に限らず精神薄弱児施設に働く人たちに「愛情」が必要なのは言うまでもありません。特に、キリスト教精神を指導理念としてこの仕事を始めた私たちは、要求されるところが大きいわけです。それに加えて「知識」の必要を痛感しています。

昨年の七月、私は日本キリスト教奉仕団主催の施設職員研修会に出席させていただきましたが、そこではこの愛情と知識、あるいは信仰と技術の問題が出席者の大きな関心事でした。以前は「私たちには整った設備も優れた技術もありませんが、愛情があります」と胸を張る人があったが、近年は見られなくなったということでした。社会事業界において専門職養成の急務が叫ばれ、一般の施設の職員の水準が高まるにつれて、キリスト教主義精神においても昔の素朴な奉仕の形態を維持することがむずかしくなっていることは事実でしょう。

それは「愛情」というものをほんとうに掘り下げて考えた場合、当然行き着くべき結果だと思います。「愛する」ことは、上から下へ物を与えることではありません。社会事業を「慈善事業」と呼んだのは、そういう意味でまちがいであったというべきです。愛とは、相手の立場に立つことです。そのためには相手を知ることが必要です。またほんとうに相手の立場に立つならば、相手をしあわせにするためにすべきことを知ろうとするに違いありません。つまり、「愛することは知ることである」といえるでしょう。

知識は万人に共通なもので、それを習得するためには、立場にとらわれず真理に対して従順な者とならなければなりません。たとえば「キリスト教的医学」という学問はありません。あるのは「医学」のみであり、キリスト者も医師になるには他の人と同じように訓練を受けなければなりません。医学は病気を治療するために誰もが使う「道具」だといえるでしょう。

道具はある目的のために使われるもので、それ自体は善でも悪でもありません。目的によってよくも悪くも使われます。医学などはもっぱら人間の健康に役立つ学問のように思われますが、その知識をたとえば細菌兵器の開発に用いることもできるのです。道具はそれを持つ人のあり方によってまったく違った意味をもってきます。ここから社会福祉の分野においても学問的な知識や技術さえあればよいという考えが誤りであることがわかります。

知的障がい児教育の場合には、一つの学問だけでは間に合いません。当然医学も関係しますが、心理学、中でも幼児心理学、異常心理学が大きな役割を果すでしょうし、その他に作業療法や理学療法という新しい技術も導入されなければなりません。さらに彼らの福祉を広い社会とのつながりでとらえるならば、社会科学に関係する学問も必要になってきます。

　子どもを持てば、教育学を勉強しなくても、子どもたちの教育を、少なくともその乳幼児期には全責任を持って果たすことができます。子どもを愛していれば、子どもを知ることができるからです。しかし母親に知識が全然なくてよいとはいえません。まして、施設の職員は、障がい児の母親さえ気づかなかった子どもの可能性に着目して、これを伸ばしていく専門職としての責任があるわけです。

地元の静波海水浴場で実習生とやまばと成人寮生

　親でない者に親と同じ性質の愛情を持つことはできません。むしろ親子の愛情の交流は施設入所後も大事に取っておかなければなりません。けれども職員にとっても愛情こそすべての教育活動の基本であり、そこから出発して知識が習得され活用されなければならないということを銘記すべきです。

　そこで、科学的な知識とともに、「愛」とか「奉仕」とかいう思想的な問題についても研修し、話し合っていくことが必要だと考えます。「愛する」ことは頭だけではできません。むしろ、聞き分けのないこれらの子どもたちに四六時中接し、半年たち一年たってもほとんど進歩が見られず、肉体的・精神的に疲れが重なる状況の中で、「愛せない」という壁にぶつかるのは当然です。やまばと学園が精神的に直接は榛原教会に支えられ、さらに全国的な規模の諸教会の祈りの応援をいただいている意味はそこにあります。

私たちは神を完全に知ることはできません。けれども「神に知られる」ことはできます。私という人間が神に知られ、愛されているならば、この世界の中で何らかの役割を与えられていることを信ずることができ、神から受ける愛の力で使命を果たす者となるのです。

この愛情は、職員と子どもたちとの間だけでなく、職員同士また職員と地域の人々との間にも生きていなければなりません。私たちは事業をしているのではなく、子どもたちを中心とした「共同体」をつくり出そうとしているのです。周りの人たちの間に愛が流れていて初めて、子どもたちはしあわせになれるのです。まだまだ不十分ではありますが、職員の働きやすい施設をと考えて努力して参りました。今後の問題はこの器に愛を盛ることです。この最も大切な点について、なおなお皆様の御助力をお願いしたいと存じます。

児童から成人まで　成人寮の必要性と責任

一六号　一九七一年九月一日　設立準備委員長　長沢　巌

重度成人精神薄弱施設の建設計画の具体化が決まりました。来年八月に施工、昭和四十八年四月に開園予定です。ちょうどやまばと学園開園の三年後に当たります。その背後には、成人寮を生み出さなければならない、ゆっくり待てない必要性があるのです。

（一）園児の将来のために

やまばと学園は「児童福祉法」による施設なので、園児は満十八歳で退園しなければなりません。社会生活に順応できない場合には、満二十歳まで在園が許されますが、子どもたちにとって、十八歳とか二十歳という年齢の区切りは意味をなしません。一生かかっても、精神年齢が満三歳程度を超えることができないといわれる子どもたちの場合、大部分の子どもたちは、生涯その教育を施設で受けなければならないでしょう。彼らを迎え入れた以上、成人後の安住の地を備えないのは、無責任であると感じます。

成人の問題は十八歳あるいは二十歳になってはじめて起こるものではありません。現在でも、小柄な職員を体力的にはるかに優る子どもたちがすでにいます。また当然、男女ともに性に関連した問題が生じてきます。十五歳から成人施設への移行が認められているので、一部の子どもたちは成人寮があれば移したいところです。その方が適した指導ができますし、小さな子どもたちの指導もしやすくなります。その上、まだ入所できないでいる子どもたちを受け入れることができるという「一石三鳥」の利点があります。

（二）地域の必要にこたえて

榛原町の「手をつなぐ親の会」では、年六回ほど「一日保育」を行っていますが、最近の参加者はほとんどが成人です。これは榛原町に重度知的障がい児のための「やまばと学園」と中度の子ども達

榛原町・手をつなぐ親の会の会合

の施設「駿遠学園」ができて、入所を希望する児童がそれぞれの施設に収容されたためですが、静岡県全体も同じような状況であると聞いています。

一方で、静岡県内に七つある成人精神薄弱施設の定員は三百九十名。うち重度の施設は一つで、定員は五十名に過ぎません。県下約八千名の成人知的障がい者の中には、施設に収容される必要のある者が少なくとも五、六百名いるといわれています。

教育効果を考えた場合、児童の施設の整備が優先されるのは当然ですが、施設収容の必要度はむしろ成人の方が高いのです。子どもの成長とともに親は年を取り、体力が衰えて、子どもの世話は大きな負担になります。その上親の心をいつも離れないのが、自分が世を去った後の問題です。親の死後には保険金が支給されることになっていても、子どもの将来を安心して任せられる人がいなければ、死んでも死に切れない思いでしょう。親子心中や親の子殺しが成人知的障がい者の家庭に多いことも、偶然ではありません。

「小さい」人たちから学ぶ

五五号　一九七八年三月一日　運営委員長　長沢　巌

やまばと学園の運営に「施設民主主義」を掲げてきました。私の考える民主主義は、一人一人を大事にする体制です。その基本は、次のイエスの言葉にあります。「あなたがたは、これらの小さい者のひとりをも軽んじないように、気をつけなさい。あなたがたに言うが、彼らの御使いたちは天にあって、天にいます私の父のみ顔をいつも仰いでいるのである」（マタイ一八・一〇）。

聖書でいう「小さい」は、その人の価値を低く見る意味ではありません。むしろ「小さい」人たちから、私たちが学ばなければならないものがある訳です。それと同時に、成人した者として幼な子の教育に、そして知的能力を与えられた者として知的障がいを持つ人の保護と指導に責任を持たなければなりません。そうした責任について、イエスは次のように言っておられます「私を信ずるこれらの小さい者のひとりをつまずかせる者は、大きなひきうすを首にかけられて海の深みに沈められる方が、その人の益になる」（マタイ一八・六）。重い知的障がいを持つ人々を施設にお預かりしている私たちは、この言葉を深い畏れをもって聞かなければなりません。

お年寄りの姿に従順を学ぶ

二〇八号　一九九二年三月　榛原教会牧師　戸井雄二

教会の婦人会が聖ルカホームを訪問したのは十二年前、ホーム建設の前年、まだ何もない「建設予定地」で野外礼拝をしたのが最初でした。開園以来十一年、毎年一回は訪問をして、交わりのひとときをもたせていただきました。

会員六十人足らずの教会ですが、ここ一、二年は教会員の「老い」の問題にふれる機会が多くなりました。老いの悲しみは、自分がそれまで持っていた能力や機能の一つ一つを喪失していくところにあるでしょう。生理的な老化現象といえばそれまでですが、実際に直面したときのショックや痛みは、本人にとって非常に大きく、そう簡単に割り切れることではありません。

残酷な形で老化の波におそわれる場合もあります。たとえば若い時から知的な活動をしてきた人が、ある時から急に物忘れがひどくなり、前日のこともおぼえていない。しかも自分でそれがわかる場合、どんなに大きな痛手を受けることでしょうか。家族や周囲にとってもショックにちがいありませんが、本人の苦しみを思いやり、見守りながら支えの手をさしのべたいものです。まわりのあたたかい支えで心の傷がいやされ、自分の老いの現実を受け入れていくようになるのではないでしょうか。

聖ルカホームのお年寄りの姿に、「多くの苦しみによって従順を学ばれた」キリストの生きざまが重なって見えることがあります。一人のお年寄りがホームに入所するまでに、どれほどの「断念」をさ

いつまでも自立した暮らしができるよう介護予防活動

れたことでしょう。住みなれたところを離れ、家族や親しい人たちと別れ、身の回りの物を大幅に整理して愛着を断ち切らなければなりません。老いの身のさみしさをしみじみと感じることと思います。

老いや生の意味、「いかに生きるか」という問題は、深く考えていくとどうしても宗教にふれてきます。仏教では「生を諦め、死を諦める」というそうです。この「諦める」とは「明らめる」ことで、自分の置かれた状況を明らかに知って、前向きに対処していく生き方であるといいます。それはまた「いかに死ぬか」ということにもつながっています。

聖書の中で、「永遠の生命」がくりかえし問題になるのも、単に死後の生命のことではありません。神の意志への従順を全うされたキリストが「永遠の生命」の源となったといわれます。地上で与えられた生涯を受けとめ、その中で「従順を学ぶ」ことができれば、私たちの生涯もむなしく終わることなく、不滅の生命へとつながるのではないでしょうか。

キリスト教をちらつかせない奉仕

三〇五号　二〇〇〇年四月　金沢元町教会牧師　三輪従道（講演）

私たち現代人は、今生きているのに、今と真剣に向き合いませんね。すぐ、次のことを考えて、今という時間を、将来への不安で全部失っているようなそんな生き方をしています。それが、長沢先生のもとではちがっていた。今という時を、実に丹念に刻んでいたと思うんです。先生の手帳には、予定がびっしり詰まっていた。しかし、そんな中で、ひとつひとつの仕事を実に丁寧に仕上げていかれたと思います。

もうひとつ、長沢先生の生き方の背後に見えたものは、「全体教会」というものの見方でした。いかに、全体とともに、良きものを分かちあっていくかという姿勢です。これには、先生の師マクラクラン先生からの影響が大きいと思います。

マクラクラン先生は、農繁期に子どもを預かって、地域の人々に奉仕された方ですが、肩を怒らせないで、また、キリスト教をちらつかせないで、奉仕されました。そこにあるのは、愛の匿名性であり、教会が一歩退いた姿です。匿名性とは、自分の担っている課題や自分の特技を売り物にしないことであり、自己を売り込む歩みからは、ほど遠い生き方です。しかし、そういう生き方の中に、本当のものが根づくのではないでしょうか。教会は陰で支えている。けれども、気がついてみると、信仰がちゃんと生きている、そういうことだと思います。

やまばと学園ができたときも、教会は背後に退いた。施設関係者や行政が前に出て、教会はその後ろに隠れました。しかし期せずして、教会で育った青年たちが働き人として入ってきたところに、不思議な導きを思わされます。長沢先生と教会の人たちは、時がくれば神のわざは成就し給うこと、本当の仕事というのは神様の業であることを信じていたのだと思います。

第三章
ケアという仕事

生存を支えるだけでは人は生きていけない。高齢者にしても障がい者にしても、自分のために生きるというよりも、もっと崇高な願い、誰かのために生きたい、誰かの役に立ちたい、誰かから必要とされたい、認められたい、という願いを抱いて生きているのです。

人づくりの四つのポイント

人づくりには、①理念を伝え、人間観を育成する面と、②専門的知識や技術を教える面、そして、③現場での実践的な育成の面があります。また、④チームワークの良さや労務環境の良さも、良い人が育ち長く働く要因になるだろうと思っています。

組織の規模が大きくなったので、理事長がすべてに当たることはできず、障がい者部門と高齢者部門に部長を置き、さらに専務理事や事務局長も加えて、「経営会議」を構成し、ここで人材育成、研修、労務環境などについて立案し、実施しています。

原則として、①は、理事長や、福祉の道で優れた働きをしているキリスト者が担当し、②は専門家、③は、部長や施設長や副施設長や主任たちが担当し、④については、経営会議や施設長会議で現状や課題を共有し、改善を図っています。規模の大きい施設では施設長よりもむしろ副施設長や主任が現場で職員指導に当たるので、近年は主任等研修にも力を入れています。

牧ノ原やまばと学園の理念は聖書と密接に関係があるので、聖書を学ぶことが望ましいのですが、そのための全施設共通の学びの場といったものは今はありません。今は、法人本部と、高齢者施設の一部で、聖書のメッセージを聞く開会を持っています。

ただ、毎月一回の施設管理者会では、故渡辺和子先生（修道女）の『おかれたところで咲きなさい』や、青木優牧師の遺稿集『ともに生きる』など、聖書ではない、信仰者の書物をほぼ一年間にわたって読んでいます。最初はもっぱら理事長が補足説明していましたが、今は、施設長たちがまとめて発表する形になっています。

人づくりには完全な方法はありませんね。言葉やシステムも大事ですが、結局は、のびのびした環境の中で、人との出会いを通して、何か「良いもの」に気づき、共感や信頼や感動が生まれることが重要なのでしょう。難しいですが、これからも工夫しながら継続的に取り組んでいきたいと思います。

ケアという仕事

大きな声で子どもたちとぶつかりながら

一三号　一九七一年三月　生活指導部　谷川慰子

生活指導部では、昨年より食事についての記録をまとめ、分析し、子どもの現状把握と指導を重ねてきました。そして、昨年の四月入園した時から九月までの食事記録をもとに、現状分析表を作りました。まず、九月の時点での現状を○印で記入しました。次に十一月の時点での現状を色違いの○印で記入しました。全部で六十八項目あります。十一月に新たに○印の増えた子、消えた子があり、新しく項目も増えました。

九月と十一月を比べていちばん変化したのは「自分の食器の後片付けができる」の項目です。九月には七人が○印でしたが、十一月にはさらに七人増えました。そして、今は新しく加わった七人の子の後片付けの指導を徹底させています。

後片付けでは、自分の食べた食器を消毒液の入った大きなポリバケツに入れます。残飯は小さなポリバケツの残飯入れに入れなければなりません。ところが残飯ともども、消毒液の中に入れてしまったり、残飯入れに食器を入れたり、毎日、誰かがまちがえます。そのたびに職員の大きな声が飛びます。「コラーッ。どこに入れているかー」

けれども、子どもたちはその声に慣れてしまい、残飯ごと消毒液に入れ、入れおわると、自分で手を叩いて喜んでいます。

「一人でおさじで食べる」という同じ目標も、子どもによって意味が違います。まったくおさじが使えず、持てさえしない子の「一人でおさじ食べる」指導と、時々おさじ、時々手づかみという子では、指導の出発点とステップが違います。今日できても明日はできなかったり、半歩進んで三歩戻り一歩進むか進まないかという毎日です。

子どもたちは確実に成長している

ごはんもおかずもみそ汁も、手づかみだったF子は「一人でおさじが使える」が十一月に○印になりました。これはたいへんな進歩です。初めてスプーンを持ったのは十一月十九日。いやがって手でつまんでいたが、おさじに食べ物をのせてやると、上手にすくってたべる。以来、職員が「F子、おさじで」と注意するとおもむろにおさじで食べるようになる。一月現在もこの状況が続いています。

H夫は「他人のものを取る」の○印が十一月に消えました。ところが、欲しそうで、欲しそうで、それをこらえている表そのままでいられるようになりました。人の食べているものをじっと見つめて、

情が何ともけなげなのです。

K子は「食べた後、皿をなめる」の項目に○印が増えてしまいました。K子は、右手の親指と人さし指で上手にごはんやおかずをつまんで食べます。そして、最後には、両手で皿を持ってペロペロとなめ、食事がおしまいとなるのです。

Y男（十二歳）の指導目標は「スプーンで食べる」です。

四月　入所当初は家でしていたようにスプーンにおかず・ごはんを入れ、Y男の手に渡し、自分で口に運ばせました。おなかがすいていても、職員がスプーンにおかずを入れ、それを手に持たせないと食べませんでした。そこで、とにかく一人で食べるようにと、職員は一切手を出しませんでした。Y男は食べさせてくれとテーブルをこぶしで叩き、頭をぶつけて怒りましたが、そのうちに手づかみで食べはじめました。手づかみで食べる事は、とにかく自分で食べようという気持ちの表れであり、進歩でした。

七月　四本の指と手のひらでつかんで手づかみで食べる。指先ではつかめない。とにかく自分で食べようとしはじめたのだから、こんどはスプーンを持たせようという事になりました。

十一月　スプーンを職員にさし出し、食べさせろと要求する。Y男の手とスプーンを職員が握り、繰り返し口に運ぶ。自分ではやらず、職員が来るまでスプーンを持って待っている。

十二月　スプーンを右手に持たせ、職員がそっと手をあてていると、自分からスプーンにごはんを入れるべく力を入れた。うまく入らないと場所をかえ、同じようにやる。

一月　右手にスプーンを持ち、職員が力を加えず、手をあてるだけにすると、自分からスプーンを動かしおかずを入れ、口に持っていった。一年かかってここまできました。完全に一人で食べるようになるにはまだまだかかるでしょう。

ほかの子どもたちも各自の歩みを続けています。職員は自分の食事を子どもに取られないよう確保し、大きな声を出して子どもたちとぶつかりながら、子どもたちと一緒に生活しているのです。

日々の変化は遅々として進まないようでも、数ケ月単位で見ると、進歩したり、後退しているのがわかります。今後、数年単位で見ると、もっとさまざまな変化を遂げていることが分かるでしょう。

現状分析と子どもの食事記録をもとに、個別の指導目標も検討しています。

成人寮の自慢は「真黒な体」

二八号　一九七三年八月　指導員　白髭冨士江

「今成人寮で自慢のものは」と問われたら、寮生を裸にして「真黒な体です」と答えるでしょう。開寮以来、散歩、水浴び、草とり作業などを続けた成果です。

今学期は、三十人の入寮者を迎える期間であり、ここでの生活に慣れ、自分の本拠地とすることが寮生と職員に課せられた最初の問題でした。その意味では、一学期間いっしょに生活してきただけで半分はその任務が果せたといえます。

成人寮は「カギを使わずに」との願いも空しく、指導員室、リネン室（衣類や寝具を格納する部屋）

時には寮生の寝室と、カギは大活躍です。

学園から移った最重度のA君のお父さんは「何でもよくできる人が多いから、Aは圧迫感のようなものをもっているのではないかな」とおっしゃっていました。

そういえば、T子さんの、そうじ用バケツの水こぼし、食事の時に必ず他人のコップやおわんをひっくり返すこと、頻繁な意識的失尿も、その辺に関係があるかもしれません。

基本的生活訓練についてみると、ひとりでスプーンが使えない、排泄がトイレに結びついていない、衣服の着脱で介助を多く要する人は、三名ぐらいで、十二名は、ほとんど自立しています。残る十五名は、職員が少し手伝うとできます。

日課の中で、生活訓練または、作業・学習と、指導の重点が自ずから寮生によって違います。しかし、よほど気をつけないと、何でもできる人たち中心の生活になってしまいます。学園がそうであるように、成人寮もまた最重度の人たちに、より必要とされていると思います。

帰宅前夜になって三十九度の熱を出したF君は、帰すのも危ぶまれました。けれどもいよいよ帰る時は、かけ足で玄関へ向かうのです。それまで歌ったり笑ったりしていたK子姉さんは、帰宅時予定通り現れたお母さんの顔を見たとたん、涙をボロボロ、「遅い」とわめきたて、六十五キロ、三十歳のだだっ子になりかわりました。F君もK子姉さんも身の囲りのことはできるグループにいます。熱なんかものともしない程、自分の家庭が恋しいこの人たちは、家から通えたらいいな、といつも思います。

ですが、それが不可能になる日が必ずやって来るから、成人寮へお預けになった方が多いのです。親御さんからひきつげる身内がいて、そこから通寮できるのがいちばんです。ただ、家庭での指導を考えると、どの程度協力が得られるか気がかりですし、施設ならではの事がたくさんあります。そこで考えられるのが「小舎制」です。普通の家庭（職員も含めて）に何人かずつ分かれ、そこを本拠地にし、生活訓練をうけ、成人寮へも通うのです。施設で満たせない個人の生活を、そこでは期待できそうに思います。

職員の側の問題をみると、二十代から五十代のさまざまな経歴を持つ職員が、同じスタートラインに立つことは、指導を進める組織が整っていないだけに、厄介なものがあります。寮生はおそらく終生ここで過ごすことになるでしょう。だとすれば「長期戦」に違いないのですが、それは怠惰につながってはなりません。混雑が過ぎ去った二学期からの重みが感じられ、押しつぶされそうな、ファイトがわくような、複雑な思いです。

奉仕は強制できない

三五号　一九七四年十一月　運営委員長　長沢　巌

職員全員が自分たちの問題として協議して決めたやまばと学園の就業規則の「前文」は、次のようなことばで始まっています――。

「牧ノ原やまばと学園（以下「学園」。やまばと学園、やまばと成人寮、事務局を総称する）は、重

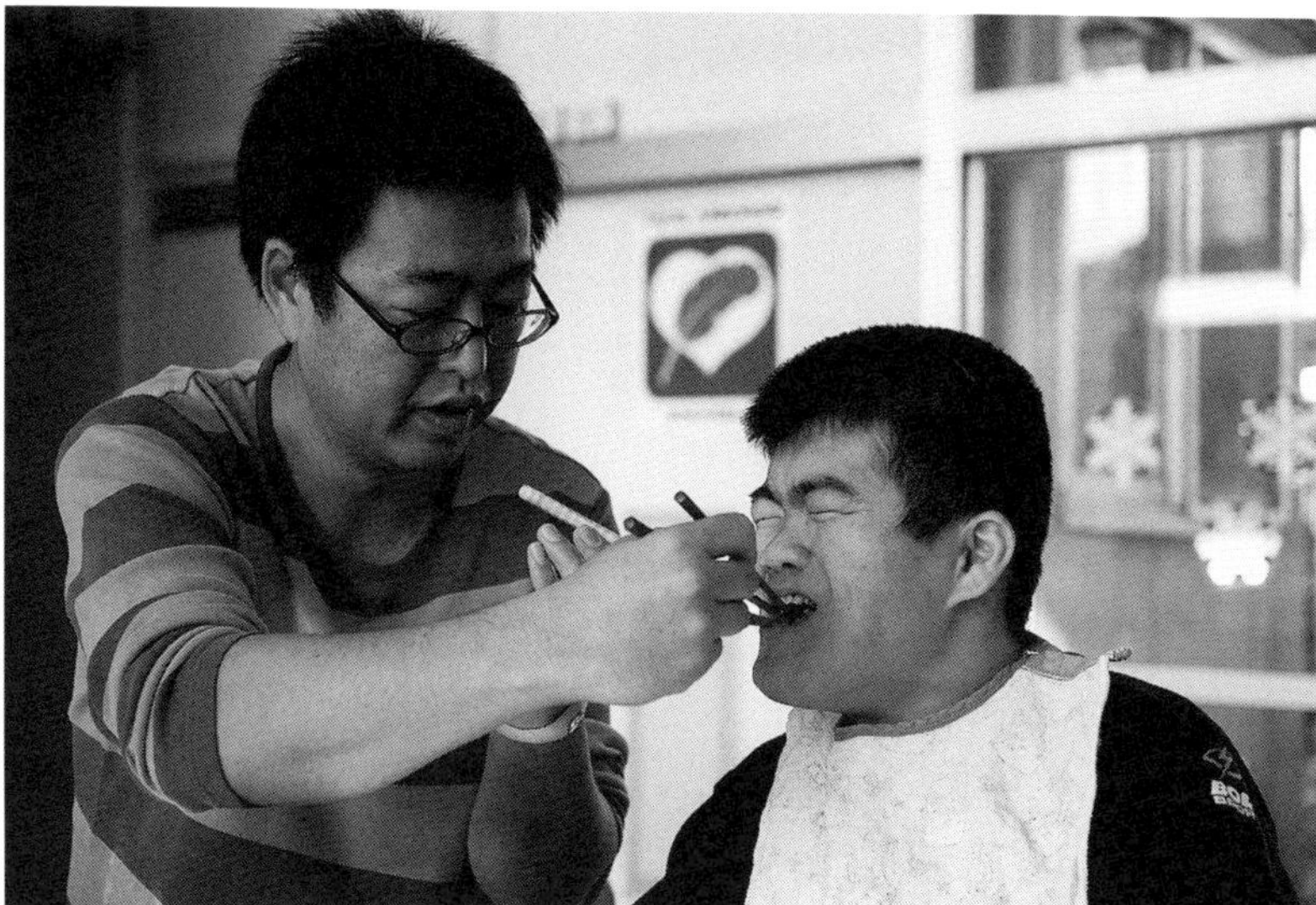

食事を楽しむ

度知的障がいの子どもたち、おとなたちの福祉のためにつくられた事業体である。

それゆえ「学園」の中心は園児・寮生であって、職員の務めは彼らに仕えることである。職員たちは、かりそめにも自分の利得のために彼らを利用するようなことがあってはならない。

しかしそれと同時に、職員たちが園児・寮生の犠牲となることも極力避けなければならない。園児・寮生の人権が尊重されなければならないとするならば、職員にも当然同じことが保証されるべきである。またそうでなければ、園児・寮生の処遇も行き届いたものとなることはむずかしい……」。

書かれているのは、当然のことながら、就業規則を支える根本精神です。なぜそのようなことを言うかといえば、従来の日本の社会事業において、職員の人権が十分守られて来なかった現実があるからです。

施設は、職員の給与が低く、しかも、勤務時間が長いのが普通でした。同時に、施設の運営が理事者・管理者によって一方的になされて、職員たちの声が聞きいれられないことも多くあったようです。その理由に、社会事業は奉仕の仕事であるという見方があります。長年この道を歩んでこられた従事者には、献身的な生活をされた方が多いとは思いますが、本来奉仕は他人に強制することはできません。同時に、奉仕的な仕事であればあるだけ、十分休養もとる必要があり、また生活も保障されなければならないはずです。私たちはこのような反省の上に立ち、依然として経済的な困難は大きくあっても、改革の方向に進むべきことを心に期した次第です。

ケース会議は施設運営のバロメーター

ケアの現場では、ケース会議は非常に大事です。そこでしっかり専門的に話し合い、評価をして、次の計画を立てる。そういう場がきちんと機能していることが健全な施設運営につながります。

会議では、職員みんながのびのびと自分の考えを話せることが重要ですね。そういう話し合いを通して、何かに気づいたり、目が開かれていってほしいと思います。支援計画は、職員中心ではなく、利用者の立場にたって立てるべきことはもちろんです。

ケース会議が活発になり、積極的にいろいろな意見が出るようになると、今度はご利用者にこんなことをしてみたらどうだろうかとか、いろいろなアイディアが出てくるでしょう。そういうふうに話が展開していくと、仕事も面白くなってきますね。それが本来のあり方だと思うのです。ケース会議が、ただのおしゃべりの場になってしまったりすると、全体がおかしくなってくることがあります。そういう意味では、ケース会議のあり方は、施設の健全運営のバロメーターになっているといえるかもしれません。

介護の醍醐味

熱湯とタオルと石鹸と看護師のハートがあれば

四六二号　二〇一四年三月　日本赤十字看護大学名誉教授　川嶋みどり（講演）

人間の営みの中で、料理や、水・火・照明の管理、清掃、洗濯などは、人間が人間らしく暮らしていくための最低限の条件であり、この生活を整えることが、実は、介護職の専門性に密接に関連しています。一人暮らしや二人暮らしで困っている高齢者でも、家事援助サービスで掃除、炊事、洗濯、買物などを手伝ってもらえれば、自立して暮らせる人がかなり多いはずだからです。それが手伝ってもらえないために、身辺介護（入浴や着替え、おむつ交換など）が必要になり、人手不足でサービスも手薄になるという矛盾が激化しています。

人間が人間らしく生きるには、息をする、食べる、体をきれいにする、トイレに行くなど、「生命維持に不可欠な営み」と、身だしなみやコミュニケーション、学習や趣味など、「人として豊かに暮らしていく営み」とが必要です。どちらも他人に代わってもらうことができません。「私お腹ペコペコだから代わって食べてちょうだい」とか、「あなたトイレ行って。私がまんできないわ」と言うわけにはいかないんです。呼吸も、食事も、トイレにいくことも、また、身だしなみも、コミュニケーションも、すべて、その人が行わなければ満たせない欲求なのです。

この欲求が、高齢化や障がいの故に、実現されない。具体的には、自力でお箸がもてないとか、のみこみが悪い場合に、その人がかつて自分でしていたと同じような感じで、トイレ介助し、食べ方の援助をするのが、生活行動の援助ですね。

これは看護も共通で、これこそ、本当に看護師の主な仕事ですが、残念ながら、病院は医療が先行しており、病人の生活介護援助は一銭のお金にもならないので、看護師は、ドクターの仕事のお手伝いをし、生活介護は、資格のない人にどんどんやらせているわけです。

私が看護師になりたての頃、九歳の女の子が入院してきました。苦痛で顔は歪み、垢だらけで、余命一週間もないとのこと。私は熱いタオルで体を少しずつきれいにしてあげました。全部きれいになるのに一週間かかりましたが、少女が生き返ったのです。脈が元に戻り、食欲が出てきて、「お腹がすいた」と言って、卵がゆを二口三口食べるようになりました。以来三ヵ月ぐらい、本当に九歳の女の子らしく生きる事ができたのです。生活行動の援助というのは、あまり重視されませんが、実は、注射や手術と同じぐらいの、あるいは、それ以上の、治癒の働きをもっているということなのです。それを、今の病院では看護師がやらない。ちょっと具合が悪いと、すぐ検査、すぐ注射。そのことでさらにナースが忙しくなり、生活行動の援助ができないという悪循環に陥っています。

私は「生活行動の援助こそ、看護の仕事だ」と言い続けてきました。これをきちっとやれば、たくさんの病気が防げるし、たくさんの人の病いが軽くなるし、重症化を防げる、命さえ助かります。私は学生たちに、「熱湯とタオルと石鹸と看護師のハートがあれば、患者さんの命だって救えるのよ」と伝えています。この生活行動の援助こそ、すごく重要な支援なのです。

私たちは、普段、食べることは当たり前になっていて、「おいしく食べられて感謝」する人は少ないでしょう。ましてや、トイレに行けて感謝などという人はいませんよね。けれど、一人でトイレに行き、さりげなく手を洗い帰って来られること、個室の中で、プライバシーが守られる中で、うんちしたり、おしっこしたりできること、こういった営みがちゃんとできることがどれほどありがたいことか！　このありがたさを、人の世話にならなければならなくなったとき、初めて知るのです。苦しさ、辛さ、気兼ねを味わい、初めて、自分で自分のことができるのは何と幸いだったかと気づくんですね。

病人や高齢の方たちの立場に立てば、自分で自分のことができなくなる中で、恥ずかしさを守っていただきながら、プライバシーを保護していただきながら、さりげなく、気持ちよく、手際よく、お世話してもらうことがどれだけうれしいことか！　そういうところに、介護とか看護のやりがいもあるわけです。

食事と排泄、ありふれた営みに大きな価値

四六三号　二〇一四年四月　日本赤十字看護大学名誉教授　川嶋みどり（講演）

「下の世話」というのは、「人間が生きる上で最後の砦だ」と思います。この「下の世話の達人になろうよ」とよく私は学生たちに言っています。その辺がおろそかになってきて、入院して食べられな

くなると、ＩＶＨを注入されたり、静脈注射をされたり、胃ろうを開けられたりして、本当に口から食べる意味が薄れていきます。

でもやっぱり、食事はおいしく作って、おいしく食べるのが自然の姿なんですよね。ですから、「そこに、より近づける」ことが、看護や介護の喜びにならなければいけないと思います。食べられなかった方が、一口でも食べてくれて、「ああ、よかった」と、食べさせてあげた方も、病人も、お互いに喜び合う。こういった営みを、もっともっと深めていかないといけないと思うのですね。

食事や排泄など、生命維持に不可欠の営みは、あまりにもありふれていて、価値あるものに思えないようですが、実は、このありふれた営みにこそ非常に大きな価値があるのです。

認知症が治る、耳を傾ける

四六五号　二〇一四年六月一日　日本赤十字看護大学名誉教授　川嶋みどり（講演）

認知症高齢者の記憶の再生に関しては、人生の楽しい思い出の出来事にヒントがあるのではと思っています。だから自慢話とか、嬉しい思い出とか、大好きな食べ物とか、懐かしい風景など、こういったことに耳を傾ける必要があります。

私と看護師たちとで、認知症が治った例を研究しています。ぶどうと息子の名前がヒントになった人や、老舗のおまんじゅうと濃い煎茶がきっかけになった人、他人の肩をもむ行為がきっかけになった人もいます。

気持ちいい？　利用者同士の交流

治らない認知症もあれば、治る認知症もあります。ただし、その人にとって何がいいことかを見つけるまでに、かなり時間がかかります。でも、その見つけるプロセスが、認知症のお年寄りにとっては、すごくいい。このヘルパーさん、この介護士さん、私に、すごく関心がある、私の事、こんなに聴いてくれる、私、この人を好きになれそうといった感じで。

結局、自分の人生の場と時を共有してくれる人をもつことが、どんな人にとっても、何よりも大切なのです。

利用者に寄り添うために

措置費だけでは難しい学園経営

八号　一九七〇年五月　運営委員長　長沢　巌

やまばと学園のような民間の施設でも、運営に必要な費用は一応国から出ることになっています。これは施設が政府の委託を受けて福祉に欠ける児童を預かるという法の建前によるものです。けれども、実際にはこの「措置費」だけでは学園経営はできません。

学園の職員の定員は規定では十二名ですが、それだけではとても仕事はできないので、二名増員し、さらにパートタイムを二名入れています。また、「そそう」をする子どものからだを洗ったり、また同じ理由でいつもお湯が出せるように、常時ボイラーをたき、水も多く使います。しかし、措置費に含まれる水道料や重油代はごくわずかです。一方、月々の借入金返済は十万円以上です。概算すると月々三十万円程度の赤字は避けられません。

国が国民の福祉について責任を持つという考え方から「措置」の制度が生まれている以上、措置費がすべての必要をカバーするよう増額を要求すべきです。

そのためには、政府を納得させるだけのデータの裏づけが必要です。実際に定員以上の職員を入れ、水をふんだんに使い、ボイラーをフル回転させて初めて運営が支障なくできるという実績を示さなければなりません。しかも、現状ではこうした経費はすべて民間施設自体の出血によるほかないのです。赤字を補う道は私たちの場合寄付金以外にありませんが、このことはマイナスばかりでなくプラスの面も持っています。民間社会事業であればこそ、公共団体の予算のわくに縛られずに、いつも開拓的な仕事ができるからです。

テレビでの「異食」放映に思うこと

一五号　一九七一年七月一日　設立準備委員長　長沢　巌

六月十四日のフジテレビ「三時のあなた」という番組に、やまばと学園の職員、白髭利昭と渡辺富士江が登場しました。司会の高峰三枝子とご両人の対話はほぼ十五分でしたが、その間背景にはやまばと学園の情景が映し出されました。これをごらんになって、きっと皆さまはさまざまな感想をいだかれたことでしょう。

放送の準備のために、カメラマンが前もってやまばと学園を訪問し、朝から晩までかかって録画をして行きました。朝のつどい、学習の時間、食事、散歩、入浴、そしてクラブ・ハウスでの職員の話し合いなど、一日の生活の一応の流れが紹介されました。カラー放送でもありましたし、まだおいでになったことのない方には、学園の実態を知っていただくために役に立ったことと思います。

一方でショックを感じられた方もおられたでしょう。特にショッキングだったのは、子どもが砂を食べている場面だったと思います。私たち学園の関係者も、この画面を心の痛みなしに見ることはできませんでした。実際に砂を、あるいはその他何でも食べてしまう——対談の中に出ましたけれども、自分の排泄した便さえも口に入れてしまう——「異食癖」のある子どもは、学園の中でもごく少数です。けれどもその特定の子どもたちの異常行動を防げていないことも事実です。最近の職員の「研修」でその問題が話し合われた直後の放映に、私たちはいっそうつらい思いでテレビを見ていました。

「動く重症児」のありのままの姿を見ていただくという点では意義があったとはいえ、そのような状態にこの子たちが置かれていてよいとは断じて言えません。衛生的にはもちろんのこと、私たちが全力をあげて守ろうとしている彼らの人格の尊厳にとっても、何としてもあってはならないことです。「異食」などの深刻な問題は、さしあたってボランティアの導入によって、何とか解決への努力をしたいと考えています。

なすべきことができていないことは、率直に認めなければなりません。同時に、残念ながら現状では完全な解決策がないことも、知っていただきたいと思います。何でも口に入れるということは、心理学的には「口唇期」つまり母親のお乳を吸っている赤ちゃんの発達段階にいるということです。事実この子たちは始終人に抱かれたがるのです。そういう彼らの欲求を満たし、心に安定を与えるためにも、本当は一人の子どもに一人、つききりの職員がいるとよいのでしょう。皆様の遠慮のないご批判とともに、あたたかいご声援をお願いするしだいです。

難問のたびに新しい活路—試練を喜ぶ

七六号　一九八一年三月一日　理事長　長沢　巌

試練を喜べないのは人間の共通点だと思いますが、私自身、聖ルカホームの建設に関係することで最近特にそう感じることがありました。建設のために、社会福祉事業振興会という団体から、二億円近くの借入れをしなければなりません。借入にはこちらの資金計画が整っていなければならないのですが、建設のための募金の目標が達成されず、しかも不足がかなり多額になるのです。

やまばと学園・やまばと成人寮の建設と運営についての必要な費用は、すべて寄付金で満されてきました。学園・成人寮の建設の場合も、内輪の人々から借入れをして必要分は補えたのですが、今回は額が多く、外部からもお借りしなければならなくなりました。このようなたいへんお願いしにくい求めに対し、それも無利子でという条件のもとで、何人もの方々が快く御承諾くださり、聖ルカホームを自らの犠牲でお助けくださり、心から感謝いたしました。

これで資金計画が整ったと思ったら、社会福祉事業振興会から、これでは借入れの返済の困難が増加するので、認められないという通知があったのです。すると、それを聞いたある債権者の方々は、貸してくださった金額を、そのまま寄付するとお申出くださり、それによって借入金を減らすと同時に寄付金を増やすことができるようになりました。

このように、難関にぶつかることに新しい活路が開けて今日まで歩んで来ることができました。けれども、そのたびごとに、なぜこんな苦しみに合わなければならないのだろうという疑問が、私の心に生じたということを告白しなければなりません。

なぜでしょうか？　その答えが、次の三節に述べられています――「あなた方の知っているとおり、信仰がためされることによって、忍耐が生み出されるからである」。試練の「試」は「ためす」という意味です。そこで信仰が本物であるかどうかのテストを受けるということなのですが、本物であるためには忍耐が必要だということになるのでしょう。ずっと続けて耐え忍ぶことによって鍛えられるというのですが、それは苦難に対して無感覚になるということではないでしょう。「希望を生み出す」とありますから、現在はどんなに苦しくとも、将来を望み見て、より大きな喜びをいただくことができるということです。

このように大きな喜びは、どうして可能なのでしょうか？

それは「神の愛が私たちの心に注がれているからだ」といわれています。私たちが日常経験する人間的な喜びは、試練によって失われるものであり、最後は死によって消滅します。けれども、人は試練を通して、神の愛を求める者となることができます。神の愛を受けることができた時にのみ、私たちは試練も死も乗り越えて常に喜ぶことができます。

ヤコブの手紙一章四節を見ますと、「だから、なんら欠点のない、完全な、でき上がった人となるように、その忍耐力を十分に働かせるがよい」とあります。古い格言に「患難、汝を玉にす」とあります。苦労を重ねることで、性格の出過ぎたところが削られ、全体が磨かれて「玉」のように、円満になるということでしょう。人格が完成するということは、自分だけが非難を受けない人間になることではなく、人を愛することができるということでなければなりません。試練に会うことによって、同じような苦しみを受けている人々を思いやることのできる人間に成長することができるのです。

激戦区のテーブルで「成長」への挑戦

一五七号　一九八七年十二月一日　長沢道子

脳障がい児をかかえる大抵の家庭は、糞尿の世話と子どもの異常な行動、癇癪《かんしゃく》の爆発などでふりまわされる。親は不眠の日が続き、神経過敏になり憔悴する。特に、夫が神経質で苛立ちやすく、妻も黙ってはいない勝気な性格だったりすると口論がたえなくなる。

芥川賞受賞作家でユダヤ系米国人の作家と結婚された米谷ふみ子さんは、次男に脳障がいがあり、この子に引っかきまわされる家族の現実を「遠来の客」[※1]という作品の中に生々しく描いている。アルと道子夫婦、長男ジョンと次男ケンの家族の苦闘と、施設に対する不安や期待、動物のようだった息子が人間らしく成長し始めほっとするさまがてらいもなく語られている。ここで、ケンをかくも成長させた施設について述べている文を引用しよう。

「絶えず床の上に転がって宙を見つめていたウィリィ（知人の息子）、食べかすを口から胸にかけて塗りたくり、眼はきょときょとと落ち着きなく、壁に頭をごんごんとぶっつけて頭中瘤だらけ、手には自分で噛んだ歯形のついていたウィリィ……そのウィリィに、アルと息子が施設で会った時、物こ

水をとおして夏を楽しむ

そ未だ言えないが、まるで普通児のように、きりっと直立の姿勢をし、じっと眼を見て、引っ掻くこともなく握手の手を差し延べたとき、自分の眼を信じられなかった。アルも舌を巻いたままだった。一年後のケンがこうであって欲しいと祈りながら二人は早速ここに決めた。ここはトランキライザーを一切与えないという方針で、職員は一対一の割合である。……施設長が入所者の子どもの母親であることも一つの頼みの綱でもあった。親が施設長である限り、殴り殺しはしないだろう」

「職員は一対一」という言葉が、今年度職員を少し減らした私の胸には痛く響いた。法定人員よりまだ多いとはいえ、働き人の減少は、対象者の生活に微妙に影響する。

最近私は週に一度法人の各施設で食事をともにしているが、ある夕食で、(新)やまばと学園の激戦区と称されるテーブルに座らせていただいた。右隣ではA君が唾液をしゃぼん玉のようにふくらませてたわむれている。左隣のB君はすでにやまばとでの生活も長いのでおちついているが、その彼も周囲の雰囲気に影響されてかごはん粒をこね始める。彼の隣のC君やその前のD君、E君などが今最も目の離せない中学生たちで、他人の食べ物を失敬したり、ごはんをひっくり返したり、ぐちゃぐちゃにしたり立ち上がったりする。介助する者は右を見、左を押さえ、斜め前のいたずら坊主にすぐ対応しなければならない。もっと多くの職員がいればなあと思わずにはいられない。

そんな激戦区でも、やまばとの兵士ともいえる職員たちは、一人一人を大切にしつつ『成長』という課題に挑戦している。雰囲気が明るく、中学生たちに笑顔が見られるのはそのせいだろう。「一対一」が実現されないやまばとの現実や日本の状況はたいへん残念だが、そんな中でも少しずつ子どもたちは輝き始めている。
※1『過越しの祭』新潮社（一九八六年）所蔵。

自分で検証してみよう

三〇一号　一九九九年十二月　理事長　長沢道子

最近、聖ルカホームの勉強会に出席し、スタッフ全員が紙おむつ着用の感想を話し合っているのを聞きました。

「最低四時間は着用ということでしたが、なかなか出ないものですねえ」

「私は三度排尿したんですが、最後は紙おむつが重くなって、歩くのに困りました」

「私はもれていました。何かおかしいとは思っていたけど、外出から帰って気づいてびっくり」

「最初は温かくてまあまあですが、時間がたつにつれて、腰が冷えますよねえ」

これまでも、新人寮母は全員、このような体験をしてきたそうですが、今回はスタッフ全員が紙おむつを着用。いろいろな感想がありましたが、排便できた人はいませんでした。

要介護といわれる人々にとって、排尿排便のケアは、食事のケアと同じくらい重要な位置をしめています。紙おむつの着用による心理的影響、実生活への影響をいくらかでも味わった聖ルカホームのスタッフたちは、より快適で衛生的なケアをめざして、今後も知恵を絞ることになります。

かつて、遠州栄光教会の西村一之牧師（故人）がこんな大胆なことを言われたことがあります。「看護婦養成学校の試験はペーパーテストなんか辞めてしまって、その代わり、大便をあちこちにばらまき、どのように対処するかによって合否を決めたらよい」

やや乱暴な意見ですが、「人間の命と生活全般を預かる人々は、人が嫌がる仕事を黙々と果たす人でなければならない。相手が『隠したい。恥ずかしい』と思っていることを、さりげなく、手早く、優しく処理できる者でなければならない。それが、そのような職務につくものに最も必要な要素だ」という意味では、確信をついた発言でしょう。近年、社会福祉や介護福祉などでペーパーテストが多くなっているだけに、知識以上にまず要求されるものがあることを忘れてはならないと思います。

三七六号　二〇〇六年五月一日　理事長　長沢道子

激変する福祉の現場でも癒しと平安を

二〇〇六年度四月からは、四つの働きが始まりました。通所更生施設「ケアセンターかたくりの花」

の開設と、「地域包括支援センターオリーブ」の開所。そして「希望の家作業所」（島田市）「やまばと作業所」（牧之原市）が手をつなぐ育成会の運営から、当法人の傘下に入りました。

「ケアセンターかたくりの花」の建設資金へのご協力をみなさまにお願いしましたが、募金目標額がすべて満たされ、借金をすることもなく完了したことを感謝とともに報告します。

「地域包括支援センターオリーブ」は牧之原市からの委託事業で、六名のスタッフのうち四名が市から派遣された方々です。現在は高齢者の介護予防が中心ですが、将来的には障がい者も含め地域の人々の暮らしを全般的に支援できればと願っています。「希望の家作業所」「やまばと作業所」も順調に滑り出しました。ただ、各作業所の所長が、すでに仲間になっている「しまだ作業所」「あさがお作業所」「なのはな作業所」も含め、すべて、他の仕事を兼務しているため、役割を担った方たちは、今まで以上に多忙な日々を送っています。

かつては、障がいをもつ人々とスタッフがボール投げに興じている光景もしばしば見られましたが、昨今は事務的な仕事が増え、人を相手にするよりも作業に追われているようで、危惧しています。

知的障がいを持つ人々のためには、「のんき、根気、元気が必要」と言った先人がいますが、激変する今の福祉状況にあっても、「やまばと」が人々に癒やしと平安を与える場になれるよう、祈り求めていきたいものです。

命を支える、関係を築く、苦難を理解する

四六七号　二〇一四年九月一日　ホッとスペース中原代表　佐々木　炎（講演）

今日、私がお伝えしたいことは、たった三つです。一つ目は、生きる命、存在する命を支えましょうということ。二つ目は、私たちと利用者との関係をしっかり構築しましょうということ。三つ目は、成長のための苦難を理解する、即ち、利用者は成長する、それを支えましょう、ということです。これは、アルダファーという人の理論です。彼は、マズローの理論を改め、人には、生存欲求、関係欲求、成長欲求の三つがあるとしました。支援者は、人間誰もが持っているこれらの欲求に応えて、生存を支え、関係を築き、成長を支えねばならないわけです。

まず、生存を支えるについて、「事例」をあげます。「高田洋子さん（仮名）は八十三歳の方で要介護2。古いアパートの六畳一間に一人暮らし。（中略）七年前、脳こうそくで左半身マヒとなり、週三回の訪問介護と週一回のデイサービスを利用中。糖尿病や心臓病、高血圧症や腎臓《ジンゾウ》病、視力を悪くしつつも、『この場所で最期まで過ごしたい』と、本人なりに懸命にリハビリをし、サービスを利用して暮らしていました。が、日を間違えるなど、軽度脳血管性認知症状が一年前より出始めます。半年ほど前からは、足がむくみ、足先に激痛が生じ、体調不良でベッドから起きられません。介護員の来ない時は、食事もベッド上。排尿、排便は、オムツです。入浴もできず、いつまでも続く痛みに、眠れない日々でした」。

実は、洋子さんのケアマネージャーは私でした。大学病院の検査で、彼女の足は、糖尿病による血行不良で足先が壊死していることが判明、「早急に足を切断しなければ、死んでしまう」と言われました。しかし、洋子さんは、これを拒絶。「足を切断して、これ以上惨めになるくらいなら死んだほうがまし。生活保護を受け、身寄りのない独り暮らし。何のいいこともないから、死んだほうがいい」と泣きながら言うのです。一体、どうしたらいいでしょうか。

人間というのは、日常生活が自分でコントロールできなくなると、将来の夢がなくなるんですね。あれがしたい、これがしたいという願いがなくなり、絶望します。

皆さんはどうですか。自分がオムツになり、食事も誰かの助けが必要となると、どうでしょう？　未来が見えなくなってきますよね。自分は、生きるに価するだろうかと絶望していく。人は、介護を受ければ生きていけるのではないんですね。もちろん、生きるために介護は大事ですが、将来の夢や、それなりの目的や価値がないと、人は生きていけない。

私たちの関わる利用者も、そういう思いで介護を受けている人がいるのではないでしょうか。それなのに、生存を支えるだけの介護だけで終わっているのが私たちの介護ではないでしょうか。私自身も自戒を込めながら話しています。生存を支えるだけでは人は生きていけない。本当のケアをしなければならない、ということなんです。

この先、洋子さんに対して、どうしたらよいでしょうか。

皆さんに考えてもらうと、何かサービスを入れたら良いとか、できないことをできるようにしたらとか、そんな提案が出ます。しかし、利用者は、欠けたところを直せばすむような、物ではないんですね。人間です。

今の社会福祉は、外側の、何か欠けている所や問題ばかりをきれいにしようとしがちです。この人の生活はこういう課題や問題がある、だから、それをなくしたり軽減したり緩和したりしていかなくてはならない。そういうふうに、すぐ「問題解決指向型」をしてしまう。でも、本当は、まず、誰でもない、その人を見なきゃいけないでしょう。そうしなければ、それは人じゃなくて物扱いです。人間は物ではなく、心と魂を持った存在です。だから、一人一人の内にある心や魂や、あるいは社会との関係を見ていかなくてはならない。そういうところに共感しつつ、その人を支えることが大事なんです。

結局、私たちの仕事は、一人一人の問題を解決していくことじゃなく、一人一人が、今抱えている問題や課題を通して、人間として成長していけるよう導いていくことだといえます。それが私たちの仕事なんです。それは、高齢者であっても、障がい者であっても、同じでしょう。人間は、最期まで発達し続けるというのが、私の信じるところです。

実は人間というのは二つの命を生きていると、東京大学の清水先生は語っています。一つは、さきほど説明した、肉体的な、生存する命です。心臓の動きや、さまざまな筋肉の動きなど、身体的に生きている命です。でも人間にはもう一つ命がある。人生を生きている命ですね。生まれてさまざまな歴史を背負いながら、思いを持ちながら、今があり、そして、未来に向かって生きている。そういう人生を生きている命があるんです。

私たちはこの二つの命を見つめながら支えなければならない。生存を支え、そして、その人が、誰でもない自らの人生を生きるように支援していくことです。今日は、特に、その人生を支えていくことについて考えたいと思っています。

誰かから必要とされたいという願い

四六九号　二〇一四年十一月　ホッとスペース中原代表　佐々木　炎（講演）

人間には選べないものがたくさんあります。家族を選べますか。もっと金持ちに生まれたらなあ、もっと優秀な親から生まれたらなあと思いますよね。子どもたちも皆、そう思ってます。でも、だからこそ、今のあなたがいて、私がいるんです。利用者も同じです。「自分らしさをつくるもの」は、選ぶことができない。そして、選べないものにこそ、価値があるんです。人は、苦しみを経てこそ、成長していきます。

障がいも老いも同じです。発達心理学者のエリクソンは、「人間は老いると同時に成長していく」「苦難を味わいながらよろこびを得ていく」「絶望しながら、希望を持って生きていく」「人には両方必要。揺れ動きなさい」といっています。これが人間の人間たるゆえんなのです。そうしないと人は成長しません。

利用者も、成長するために、苦しみながら、歩んでいます。そして、何を見出すでしょう？　それ

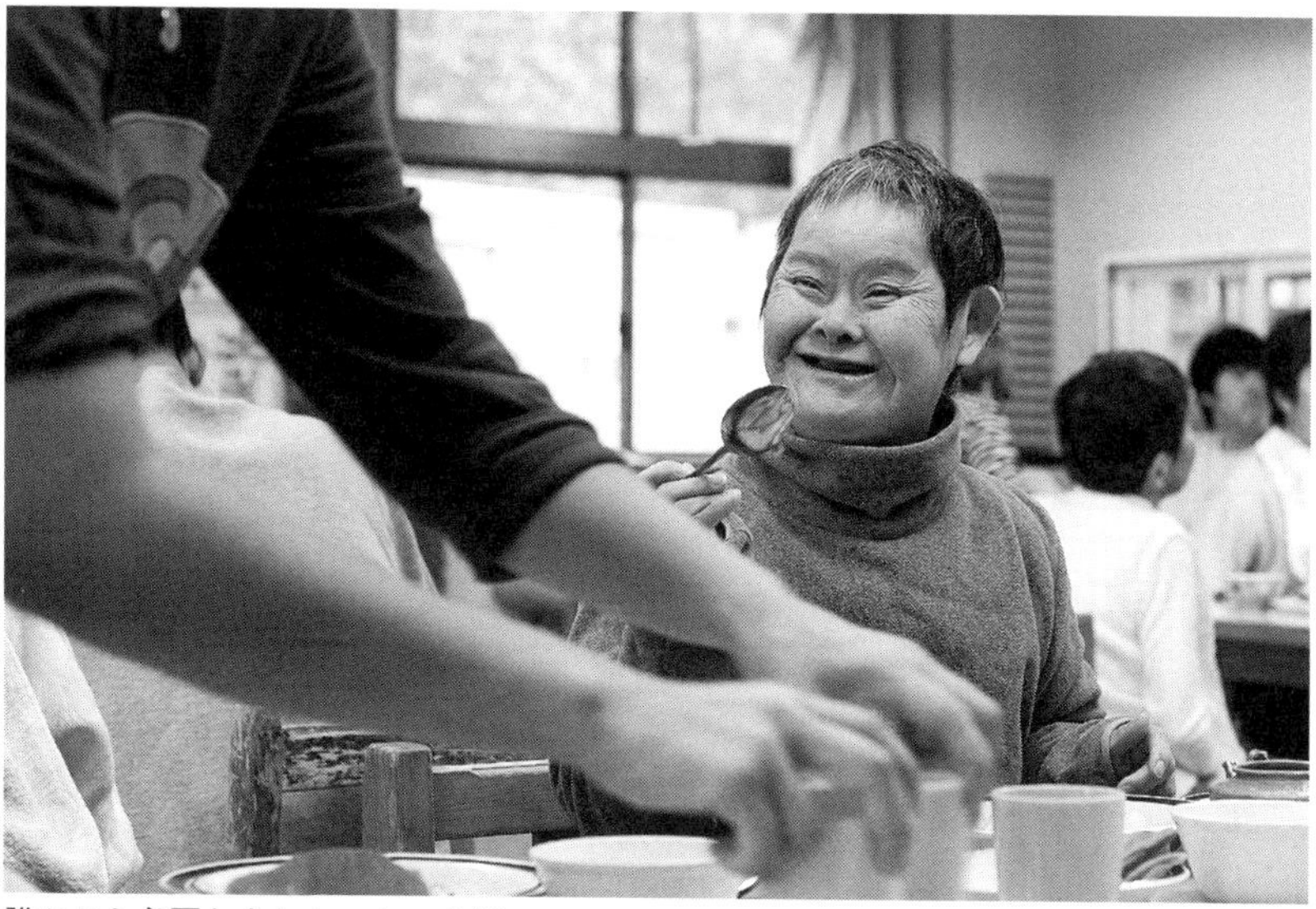
誰かから必要とされたいという願い

は命よりも大事な、人間のつながりです。家族であったり、あるいは友達であったり、兄弟であったり、親であったり、パートナーであったり、大切な人間関係です。

実は、生きがい、自分が何のために生きているのかは、この、誰かのために生きるということにつながっています。高齢者にしても障がい者にしても、自分のために生きるというよりも、もっと崇高な願い、誰かのために生きたい、誰かの役に立ちたい、誰かから必要とされたい、認められたい、という願いを抱いて生きているのです。

C・S・ルイスは「人間には四つの愛が必要だ。四つの愛を深めていくことが、人の成長につながる」と述べました。それらは、一つ目は肉親の愛、二つ目は恋人や伴侶の愛。三つ目は友人の愛。そして、四つ目は、超越者、神さまや仏さま、そういう人間を越えた存在の愛です。「この四つの愛に生きていくとき、人は成長し続ける。また、そこに生きる意味をもっていくのが人間だ」といっています。

実際どうですか。たとえば、家がなくなり、財産がなくなるような震災の中でも、人は、家族とつながっている写真を探しますよね。そして、大切なその人を思いながら、神仏に向かって祈るんです。それが、人間にとってなくてはならない、すべてをなくしてもなお人に生きる力を与えるもの、ではないでしょうか。大切な誰かのために、何かをしていく。それが生きがいへとつながっていきます。ただし、家族の中では、生きがいを見つけるのは、なかなか難しい。だからこそ、地域の中に出ていく必要があります。

ホーム立ち退き要求から宝探しへ

四八〇号　二〇一五年十一月一日　長沢道子

当法人のグループホーム「青葉の家」は、目下、近隣から立ち退きを迫られ、新しい家を探しているところです。当初は一般住宅からやや離れた場所に開設され、地域の方々からも好意的に受け止められてきました。この建物の所有者が亡くなり、遺産相続人からの希望で、五年前に同じ地域の別の民家に転居しました。

ところが、この転居が思わぬ反感を近隣住民から受けることになりました。その場所は、以前グループホーム開設計画が出たとき、近隣住民に大反対されて頓挫した所だったのです。そうしたいきさつをまったく知らず、近隣住民への細かい配慮をせぬまま年月が流れ、ホームの住人の失礼な行動が続いたことなどもあり、隣家の堪忍袋の緒が切れるに至ったのでした。

住居移転の自由は、憲法に保障されていることではありますが、今回はこちらの配慮や努力が足りなかったことを反省し、近隣住民の要望もうけいれて、「新しい場所での再出発」を決めました。実際、ホームの住人には、ルールを無視する人もいて、そうした住人との付き合いは今後も相当骨が折れるでしょう。けれど、私たちがその人を放り出したら、一体誰が彼とともに住むというのでしょう？

私たちは手に負えないような厄介な人に出会うと、誰かにその人を預けて、逃れたいと考えます。自分たちの無力さもありますが、それ以上に、彼らに対する視野の狭さ、情熱の欠如、忍耐の少なさが、彼らと付き合うという重荷から逃れようとする理由かもしれません。家庭・学校・職場で居場所を失った人たちとともに歩む日々について、北海道新得共働学舎の宮嶋望代表は次のように書いています。

「彼らを追い詰めた原因を探っていくうちに、この社会のゆがみが見えてくる。彼らの望みが叶えられるように試行錯誤しているうちに、今度はゆがみを解決するためのヒントが出てくる。」「彼らの中に、次の社会をつくり出す新しい可能性を見つけることができたら、それは僕らの宝となる。」

青葉の家への試練に関連して、自分たちの怠慢を恥じるとともに、私たちも宝を見つけるべく、新たな出発をしたいと願っています。

職員の暴行容疑逮捕から学ぶ

四九五号　二〇一七年三月一日　長沢道子

二〇一六年も終わりに近づいていますが、当年度最大の出来事「当法人職員の暴行容疑逮捕」も、一応の決着がつきつつあります。元職員Mが利用者を叩くのを見たという虐待通報に基づき、昨年十一月に逮捕されましたが、本年一月、静岡地裁で懲役八ヶ月執行猶予三年と裁定されました。実は、これには、二つの出来事が関連していて、前述の場合には叩かれた利用者に外傷はありませんでしたが、これ以前に、ある朝、二人の利用者の顔に内出血の跡が見つかったことがあり、施設では簡単に調べ原因不明として処理していたのでした。この時は目撃者なしでしたが、通報者は、これもMがしたこととして伝えたようです。県が調査に入り、法人も調べ、その後警察も、逮捕後くわしく調べたようですが、元職員Mは叩いた件は認めたものの、内出血の件は否定し続け、結局、虐待なのか、利用者同士の争いなのか、物にぶつかったのか、不明のまま、判決でも言及されませんでした。

今回の出来事の原因はいくつかありますが、中でも、情報収集と共有が適切に行われず、指示系統や報告体制に混乱が生じたことがあげられます。また、職員確保が難しく、国の基準を下回ってはいないものの現状の職員数ではギリギリの仕事にならざるをえず、本来情報塔となるべき人達も現場に出るといった状況になっていたこと、チームワークが良くなかったことなどもあります。いずれにせよ、最終的な監督責任は理事長の私にあり、利用者の皆様やスタッフ、関係各位にご迷惑をおかけしたことを、深くお詫びいたします。今後は、指示系統の明確化、職員間の情報共有、研修による専門性向上をはかる予定です。

手続き的な面では、問題は決着しつつありますが、虐待のイメージが一掃され、利用者も職員も笑顔になり、「垂穂寮はすばらしい」と言っていただけるまでには、なお相当時間がかかりそうです。

第四章

ニーズに応じて

「事業の拡大」に関して懸念を寄せる方々もいらっしゃり、そういう面のあることも十分承知しておかねばなりません。しかし、行政などの委託があって、さまざまな地域への拠点が与えられたことを、神の導きとして受けとめ、いと小さき人々を大切にし、ともに生きる価値観や生き方が各地に根づき広がっていくよう、それぞれの事業所で、愛の働きのために最善を尽くしたいと願っております。

対立を対話で乗り越える：リーダーに身につけてほしいこと

専門的知識も、法律や政策に対する知識も必要ですが、いちばん難しいのは人と人との関係で、職場に対立関係が生じたとき、どう対応するかということですね。

数年前アメリカに行った時、終末期ケアを教えている大学の先生からリーダーシップについてお話を聞く機会がありました。その方は、「自分は対立を恐れていない」、「対立のように見えても、よく話を聴くと、共通点が見えてきて、和解への糸口につながる」と語っていました。誰かが何かを非常に強く主張するとき、色眼鏡をかけずに、その方の話に耳を傾け、「あなたは、なぜその考えにそんなに熱心なのですか」「それをすることによって、あなたは、組織にどんな貢献ができると思いますか」といった質問をしながら、話をじっくりと聴いていくと、その主張の中にも共通点を見出したり、なるほどと思わされたり、時には、相手の恐れや防衛反応にも気づかされるとのこと。そのように、先入観なしの素直な気持ちで相手の話に耳を傾けていくことを通して、お互いの理解が深まり、協力し合えるようになると語っていました。リーダーには、聴く力が必要といえるでしょう。

地元小学校への通学を巡って

親御さんとの運動、学校との折衝の挫折

四三号　一九七六年三月一日　運営委員長　長沢　巌

学園の子どもたちが地元の小学校に通学できるように、という私たちの願いを書いたところ、読者の皆さんからかなりの反響がありました。四月にはぜひ入学祝いを送りたいと言ってくださった方もあります。そういう皆さんにたいへん申しわけないのですが、二月のはじめに、榛原町の教育委員会から、昭和五十一年度に坂部小学校に特殊学級を設置することは無理だという回答がありました。

その理由は、町の財政の問題、歩いて通うことについての問題、教員の問題、学校の受け入れ態勢の問題などです。歩くことは、少数の肢体不自由の子を除いて、園児たちはふだん散歩や強歩で鍛えられているので、じょうずです。通学路としては、ほとんど車に会わない道もありますし、もちろんいつも職員がついて行きます。子どもたちを教える先生の問題はたしかに大きいのですが、これは特殊学級をつくるにあたり、県の教育委員会がどうしても解決しなければならない問題です。担任教師の数は生徒十人までは一人、二十人までは二人では明らかに足りません。しかし、学園の職員たちも付き添って、学校の先生がたのお手伝いをする用意は十分あります。

最後の学校の側の問題が簡単でないことはよくわかります。いろいろな事態が起こるでしょうから、先生方がよく理解してくださる必要があります。さらにＰＴＡの方々にも賛成していただかなければ、実施はむずかしいでしょう。そうなると、問題は学校だけでなく地域全体の受け入れ態勢ということになってきます。この点での努力が、私たちの側に欠けていたことを思えば、開設が新年度に不可能なのはやむをえないと言わなければなりません。こういう結果に直面したことで、私たちの運動が施設のなかにとどまるのではなく、地域に出て行くものでなければならないと思わせられます。

もう一つの反省は、園児の親御さんとの協力についてです。さる二月十一日、職員との話し合いがはじめて行われました。私は出席できなかったのですが、予想外に積極的な通学賛成の意見が、親御さんたちから出されたとのことです。一方、「ただ学校へ行ければよい、という安易な満足を求めるのではなく、この子たちのために何が最善の教育かを考えなければならない」という、傾聴に値する意見も出された由です。さらに、口に出して言いにくいさまざまの不安もあることが感じ取れます。

私はこの話を聞いて、親御さんたちとの十分な話し合いをしないまま運動を進めてきたことに気がつき、たいへん申しわけないことをしたと感じています。子どもについてだれよりも発言権を持っている親御さんたちのご意見を、まずお聞きしなければならなかったはずです。運動の始まるのが遅く、新学年に間に合わせるために急がなければならなかった、という事情はありますが、私たちの基本的な姿勢に間違いがあったことは認めなければなりません。以上のような反省の上に立って、今後この「やまばと」紙上でも、私たちがわかっても、他の中の人々にわかっていただけない問題について、地域の方々や親の方々ともども考えていきたいと願っております。

運動終結の経緯—「目標」「方法」に問題

六〇号　一九七九年一月一日　運営委員長　長沢　巌

三年前の一月の本紙に、私は「園児の『通学』」という文章を書きました。重度ながら進歩の著しい子どもたちを、地元の小学校に特殊学級を開設してもらって通学させることが、私たちの共通の願いでした。けれどもその後、学園の職員が主体となってこの運動を進めてゆく過程で、私の賛成できない動きも出てきました。

一つは最重度も含めて三十名の園児全員を通学させる「全員通学」という目標を掲げたことです。どんな障がいを持っていても教育を受ける権利があることは申すまでもありません。しかし、私には学校でなければ教育が受けられないとはどうしても思えないのです。施設だからできる教育があると信ずるからこそ、この仕事を続けています。

一般の子どもたちと交われる点で、学校には施設にないよさがあります。しかし現在の学校が、障がいの重い子どもたちを受け入れる態勢にないことも明らかです。だから、学校を、教育制度を変革しなければならない、という話になるのですが、そのための努力は必要でも、その過程で子どもが犠牲になってはなりません。子どもをダシに使って運動を進める結果になっては絶対にいけないのです。

もう一つの問題点は運動の「方法」でした。これも若い職員たちの熱情によるものですが、直接学校、教育委員会、また園児たちの家庭に出掛けて説得に当たりました。また地元では全戸にビラを配布しました。その内容が非現実的で、訴え方も一方的だったために、教育・行政当局の壁は固く、地域の人々も反発し、園児の親たちもとてもついていけないという状況になりました。

同時に、学園の職員全体に理論的な統一がないことが次第に明らかになり、ついに榛原町教育委員会に提出した要望書を取り下げるという異例の形で終止符を打つことになりました。今年は養護学校が義務化され、どんな障がいを持った子どもも何らかの形で学校教育を受けることができるようになったのですが、学園では何の措置もとれずにおります。

障がい児を特別な学校に入れること自体が差別だという理由で、養護学校義務化については、全国的に反対運動が起きています。しかし、現状では、子どもによっては施設や養護学校・特殊学級が必要だと言わなければなりません。学園は、全国的な混乱を反映したような内部状況のため対応がたいへん遅れていますが、今年は結論を出さなければなりません。

この問題では、どの立場の職員も苦しんだことは事実で、そのために他に道を求める人たちも出ました。けれども残った人たち、また新しく加わった人たちは、それぞれの考えを持ちながら協力しようとしています。そして皆が園児・寮生中心ということでは一致しています。通学運動中は、職員の目が外に向き、子どもたちがおろそかにされがちでしたけれども、今は本来の姿に立ち返り、社会の問題も考えながら子ども中心に前進しようとしています。

成人寮

成人寮ができたとき　学園の人もみんなでとった記念写真

成人時の受け皿の必要性と課題

二〇号　一九七二年五月　運営委員長　長沢　巌

現在、片時も目を離すことができないくらい活発に動き回っている子どもたちも、成長するに従って落ち着いてくるといわれています。その大きな原因は、普通の子どもと同じような身体的な変化です。一方で、成長後、移動しないために動きが鈍くなり、ひいては老化が早くなるという問題も起きてくるようです。

このような子どもたちの肉体的な成長——と、わずかではあってもそれに伴う精神的な成長——に対応して、労働が必要となります。彼らの人権をほんとうに認めるならば、労働を与えなければなりません。憲法第二十七条に、「すべて国民は勤労の権利を有し、義務を負う」とありますが、この権利は彼らについても同様です。

ところが、実際には、働く権利を奪われている者が多数います。児童施設に入って訓練を受けても、十八歳に達して家に帰ると就職もできず、生活規律も崩れて、ただゴロゴロと毎日を過ごすことになってしまいます。これは社会にとって大きな損失というだけでなく、彼らの人権を踏みにじることだと思うのです。

今年建設予定の「やまばと成人寮」は、重度の知的障がい者を主体とした施設で、法的には「精神薄弱者更生施設」になります。「更生」ということばは、いわゆる社会復帰の難しい彼らには不適当と思われますが、何らかの作業指導を行うことは成人寮の大きな課題になるでしょう。

成人寮でさしあたって必要なメンバーは、生活指導員および作業指導員十名、保健婦あるいは看護婦一名、調理・洗濯・用務員三名となっています。この構成を見ても作業指導の占める位置がわかりますが、どのような仕事を選ぶかになりますと、まだ暗中模索の状態です。たとえごく単純なものであっても、地域の産業――農業や工業――と結びついたものをとも考えていますが、皆様からもご教示を得ることができれば幸いです。

家族だけでは限界　重症心身障がい者の現実

二三号　一九七二年十一月　運営委員長　長沢　巌

最近、成人した心身障がい者を、親が自らの手をもって殺すという悲劇が相次いで起こりました。

共通しているのは、親たちが長年人手を借りないで面倒をみてきて、片親が欠けたり、老い先が短くなったりして、自分の力の限界を感じ、思い余って殺した、という点です。

親たちの心の狭さや弱さを批判することは簡単ですが、親に代わってこの子たちを受け入れる態勢が社会にできていないことが、親たちをそこまで追い込んだのではないでしょうか。

大切なのは、社会全体がこの人たちを受け入れる態度です。親だけでなく、家族や親族全員が、心身障がい者を家庭の大事なメンバーとして受け入れるべきですし、ほんとうは身内の者だけでなく、世の中の人たち皆が重荷を負いあうのでなければなりません。

けれども、実際問題として、寝たきりの重症心身障がい者や、さらに手のかかる、異常行動をもった重度知的障がい者を誰が直接世話するかということになります。

家庭からあまりにも過重な負荷を取り除き、それを社会全体が自分の責任として負う所に、施設に収容する一つの意味があると思います。ですから、これからはますます施設を、いわば社会のまん中に押し出していく必要があるでしょう。

そういうわけで、今建設されつつあるやまばと成人寮についても、なるべく大勢の方々に知っていただき、そしていろいろな形で協力していただくことを願っております。

このように成人の障がい者施設を要望する世論が高まっているにもかかわらず、現実には施設の建設のために足りないものが多くあるのが現状です。

ホームの運営

よりよい教育を求めて ―学園の新しい展開の胎動

三八号　一九七五年五月　運営委員長　長沢　巌

私たちの施設の法律上の正式名称は、「精神薄弱児施設」と「精神薄弱者更生施設」で、両方とも「収容施設」と呼ばれています。この呼び方は「収容所」を連想させ、「収容する」側に主体を置いているため、園児・寮生の側から見て、「居住施設」と呼ぶ方が適当です。

少なくとも現状では、そして特に重度の知的障がいの人たちのためには、このような居住施設が必要です。そういう意味で、学園と成人寮の性格を根本的に変える考えはありません。しかし同時に、従来のあり方で進むことが、もはやできなくなっていることも事実です。

理由の一つが、地域のニーズです。それほど重くない人々でも、就職はできず、家庭の中でトラブルを起こしている例がかなりあります。そのような中から、一応就職という形で通ってきている成人が二人います。また、やまばとのすぐそばに家を建てることによって、成人寮に通うことができるようになった人が、私の姉を含めて二人います。これらの人たちは、種々の条件が整った少数者だと言わなければなりません。

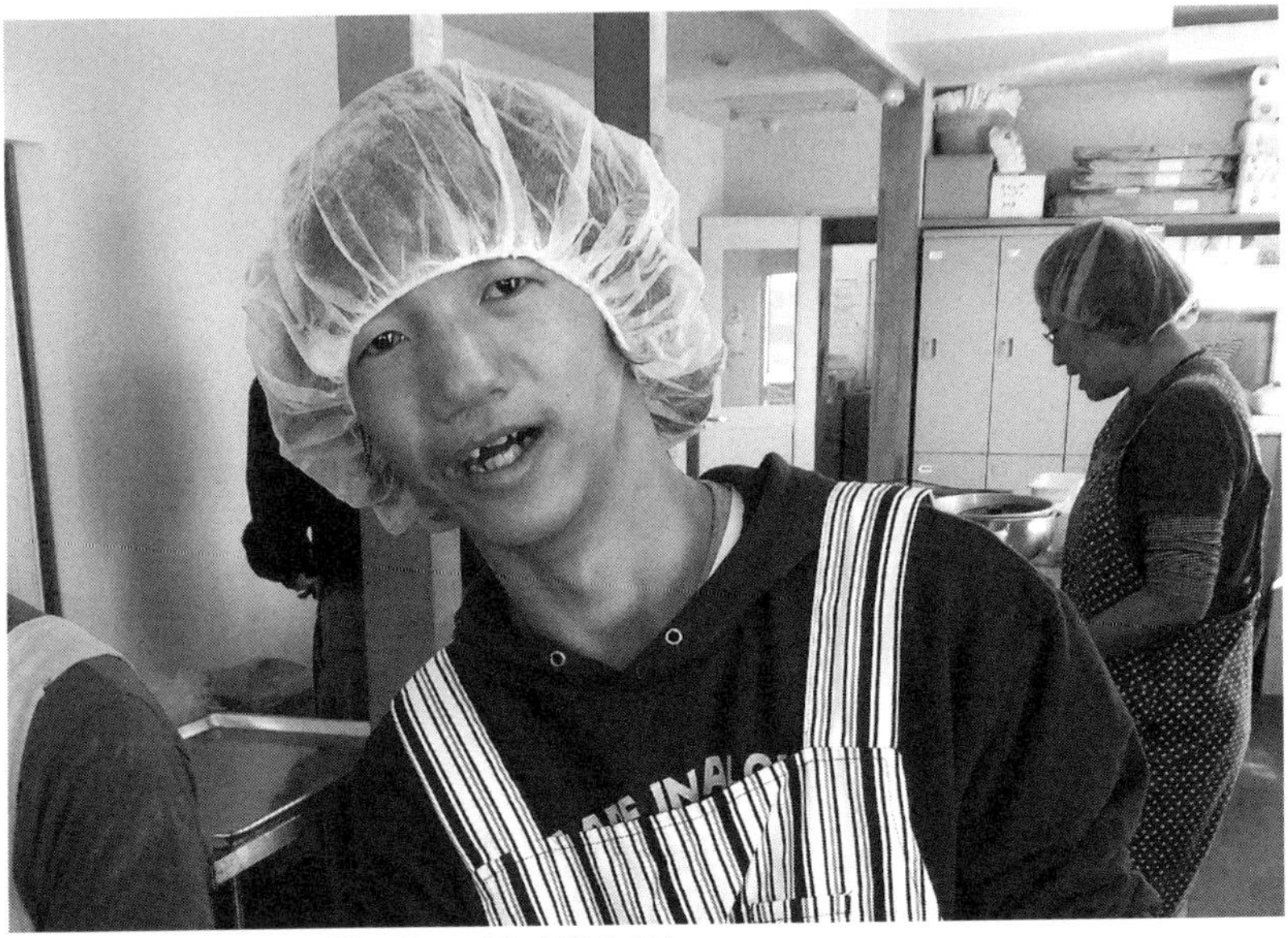

働く場があることは、誰にとっても大切なこと

成人の場合は、親が年をとり、兄弟が家庭をもつと、家の中に居場所がなくなるという問題もあります。また一人の人間として考えた場合、成人に達したら、むしろ家族と離れて、独立した生活にはいるべきだとも考えられます。先に触れた「ホーム」の必要もそのことと関係があるわけで、一部の寮生は、家庭からではなく、「ホーム」から通寮するという形をとることが考えられます。

こう考えると、子どもが対象の方が、通園についての問題は少ないように思います。居住か通園かは、対象者自身への教育的効果を基準に判断すべきですが、親も子どもが小さい時ほど、教育の問題を積極的に考えることができます。

じつは今、通園制の導入を具体的に検討しているのは、「学園」の方ですが、外部のニーズと同時に、内部の園児のためのよりよい教育のあり方を求めてのことなのです。

開園当初二、三年の指導目標は、「身辺生活の自立」、つまり身のまわりのことを自分ですることができることでした。この指導は、やむをえないことではありましたが、非常に「管理的」であったと言わなければなりません。このような方法の限界に、職員たちが気づきました。一部の「異常行動」のある子どもたちは、禁止されたり、押さえられたりすると、かえってエスカレートすることがわかりました。

昨年度初めに職員を大幅に増員した結果、職員がゆとりをもって子どもたちを見ることができるようになると、問題行動が消滅していったのです。他方、知能の比較的高い子どもたちの問題もはっきりしてきました。学園の生活に慣れるにつれて、かえって生気がなくなってきたのです。これは、彼らが「かぎ」のかかった空間に閉じ込められていたからでしょう。今ではめいめい自分用の「かぎ」を持ち、自由にどこへでも出入りし、戸外でも自転車を乗り回したりして、喜色満面といったところです。

このような教育方針を押し進めると、ある子どもたちは、家庭に帰すべきだということになります。家庭からやまばと学園に通って、そこで学習活動に参加するのはどうでしょうか。子どもによっては、時々家に帰ることによって、かえって精神的に安定を見せ、園の中で成長することができました。そのような経過をふまえて、今職員たちと親とは、その子のために通園に踏み切るかどうかを真剣に考えています。

同時に、地域からの要請にもこたえて、近い将来、通園部門が発足する可能性が高まってきました。

実現のためには、どうしても職員の増強と、学習、作業設備の拡充が必要です。現在、通園施設のための政府の助成は、はなはだ不十分です。まして、少人数から始めるとなると、かなりの出血が予想されます。しかし、必要であるならば、あえて重荷を背負わなければなりません。今、牧ノ原やまばと学園の新しい展開の胎動が聞こえてくる思いがします。そのゆくえをどうか見守ってください。

牧師、祈りの末にホームに住む、そして結婚

三九号　一九七五年七月　運営委員長　長沢　巌

今年の四月に、小さな「ホーム」が発足する予定で、私も家族とともにそこに住むことになりました。

施設の中にいると、その限界を痛感します。一言で言えば、それは家庭と違うということで、生活する場所として、施設はどうしても不自然だと言わなければなりません。しかし、多くの人たちは、その障がいのゆえに、現実に家庭にいることができません。施設から家庭に帰ることができたとしても、親なき後まで家庭にいる場所を確保することは困難です。「この子より一日でも後で死にたい」と真剣に願っている親御さんたちに接しますと、ただ施設から帰すだけでは解決にならないと思います。

一方、彼ら自身にとっても、成人後も親元にいることが最善とは言い切れません。重度の人たちですと結婚して自分たちの家庭を持つことは不可能ですが、それに代わる共同生活の場が必要ではないでしょうか。こう考えますと、大勢の集団生活ではなく、家族のような小グループに分かれる「小舎

制」が望ましく、それが施設の外で「ホーム」という形で地域に定着することができれば何よりでしょう。

　二年ほど前、県立の精神薄弱者更生施設を出て適当な就職先がないまま、やまばとの洗濯室に通勤しているFさん（三十五歳・男性）のことが問題になりました。職員たちは、彼に自分たちと同じ給与が支払われていないことを不平等だというのですが、Fさんにはしょっちゅう勝手に仕事を休むという問題があります。休まれれば職場は困ります。気ままなように見えて、実は本人も苦しんでいるのでしょう。しばしばやめたいと訴える一方で、やめてもどうしようもないということを本人がよく知っています。交わりを続けるうちに、Fさんのために私のできる、また、しなければならないことは、彼と一緒に生活することではないかと思い立ちました。

新婚の長沢夫妻（左から5人目に巌、一人おいて道子）とやまばとホームのメンバー

　そこで私が今住んでいる、やまばとの職員宿舎に寝泊まりをしてもらう計画を立てたのですが、最後の段階で彼に断られてしまいました。狭くて窮屈で、仲間がいないこと、ただ泊まるだけで家庭的な雰囲気がないことなどが理由だったのではないかと思います。計画が頓挫した時、私の心の中にホッとした気持ちがあっ

たことは否めません。私には何もできない、という口実に寄り掛かって、それからまた何もしないで日を過ごしていました。

一人ではできなくても、今まで考えてきた「ホーム」の中に自分自身を置くことによってしなければならないことがあるのではないか、という思いに導かれたのは、昨年の夏のことでした。これは私の生涯かけての身の振り方に関することですから、すぐに決断することはできず、発表するまでには四十日ほどの祈りの期間が必要でした。

心が決まって土地・建物を探しに出かけますと、その日のうちに適当な場所が見つかりました。やまばとから一・八キロメートルほど離れていますが、坂部地区の中心の敷地二百八十八坪、住宅六十八坪、工場四十六坪、事務所八坪のまだ建ってから間がない家です。持ち主が倒産して競売に付されたために、購入に必要な経費は総額千六百万円と割安でした。しかもたいへん感謝すべきことに、献金してくださる方が短期間に次々と現れ、一千万円の借入金の返済も含めて資金の調達がすっかりできました。

とりあえず有志の運動として進めることになりました。土地・建物の所有権は、学園・成人寮と同じように社会福祉法人聖隷福祉事業団にあり、実際上の責任は私にあります。

榛原教会の牧師である私が「ホーム」に入ることは、教会にとっても大きな問題でした。私の祈りの中心もそこにありました。私は第一に自分が生涯牧師として召されていると感じています。同時に知的障がいの姉を与えられ、また教会が施設を支えるように導かれたことで、特別に知的障がいのある人たちに仕える召命を受けていると思います。この二つの面を両立させる道は、私が彼らと生活をともにしながら牧師として働く以外にないというのが、私の到達した結論です。榛原教会は、さまざまな不安や痛みにもかかわらず、私を「ホーム」へ送り出すことを決議しました。

「ホーム」は従来の施設と性格は異なるものの、法的には施設として認められ、公的な費用を受けることが将来の運営上必要と思われます。私たちはそのような目的に向かって、ささやかながらまず実績を積み上げていこうとしています。

入居予定者三人に私の家族が加わります。成人寮へ通っている姉。老齢の母はできるだけの手伝いはしてくれますが、世話を受ける側になるかもしれません。また、プライベートなことで恐縮ですが、このたび、たいへん遅ればせながら結婚することになりました。結婚と同時に「ホーム」に入居する訳ですが、妻は家事とAさんの世話を受け持つ予定です。

もう一つ特筆すべきこととして、やまばとの事務職員であるNさんが手伝ってくださることになりました。彼女は自宅がありながら、勤務の日は毎日「ホーム」に泊まってくださいます。

同じ敷地内の工場の建物は、現在親の間で最も要望の強い通園の「作業所」に好適です。正式の通所授産施設として認可されるためには条件があり、時間が必要ですが、小規模でならば近い将来にスタートできるかもしれません。もちろんこのためにも働き人が肝要です。

通所授産所スタート―家族的認可施設に向けて

五九号　一九七八年十一月　運営委員長　長沢　巌

昨年度、牧ノ原やまばと学園から少し離れた場所に土地・建物を獲得し、「ホーム」と呼ばれる障がい者との共同生活の場をスタートさせました。同じ敷地内に、以前自動車の修理工場であった建物がありまます。私が会長をしている「手をつなぐ親の会」の中で、これを活用し、前々から要望のあった通所の授産施設を開設しようという気運が高まりました。静岡県で小規模授産事業を助成する施策が昨年度から実施されたことも幸いし、十月にやまばと授産所を開所することができました。

年度途中でもあり、通園者一名での開所となりましたが、現在では十名が通園しています。現在の仕事は工場の下請けで、自動車のゴムの「バリ取り」です。単純な作業なので、重度の人、手足のまひのある人にもできることが大きなメリットです。手を動かしながらおしゃべりもできるので、楽しい雰囲気の中で働けています。

とはいえ、この仕事がすべてのメンバーに適しているとは、残念ながら言えません。精神疾患、肢体不自由など、状況はさまざまですが、一人一人に合った作業を導入するには、ある程度の人数が必要なのが実際のところです。現在、スタッフは三人ですが、通園希望者は後を絶たず、隣町からも依頼があって対応に苦慮しているのが現状です。

現在の制度では月々の経費の一部を設置者が負担しなければなりません。これについては、榛原町議会が毎月四万円の設置者負担金を、今年十月以降町が肩代わりしてくれると決議してくださり、感謝しています。また、当初、設置者負担だった車いすの通園者のためのトイレ新設工事についても、設置費百六十八万円を全額町が支出することが、九月の榛原町議会で決定しました。小規模の施設には家族的なよさがありますが、それを失わずに認可施設まで拡大していけるかが今後の問題です。

新寮建設――「しもべ」として働く

一四二号　一九八六年九月一日　榛原教会牧師　戸井雄二

垂穂寮の建設着工となり、これから来年三月の完成を目ざして担当業者の方々の懸命の作業が続くことでしょう。設計から建築、内装に至るまで、それはまさに人間の頭脳と技術のすべてを最高度に発揮して初めて成り立つ仕事です。すばらしい人間の能力を集中したこの働きと労苦とが、重い知的障がいを背負った数十人の人たちのためになされることを思いますと、何か心おどるものがあります。

今の世の中は、科学と技術が著しく発達し、人間の能力は極限まで開発された感さえあります。特にわが国においては、わずか二、三十年間の急激な変化ですから、ある年齢以上の者には、どれ程の進歩かがよくわかります。しかし、もう一方には、その世の中の進歩発展にもついていけず、とり残されている人たちがいることも確かです。そういう人たちは「役に立たない」余計な者と思われるか、せいぜい同情の対象として見られるだけではないでしょうか。

イエスのたとえ話の中で、主人はしもべたちたちに「それぞれの能力に応じて」財産を預けます。

私たちも一人ひとり主人の信任をうけてそれぞれの能力（タラント）を託されている者です。自分はあくまでも「しもべ」であって「主人」ではないことをわきまえ、高ぶりもせず卑下《ひげ》もせず、精一杯めいめいに与えられた責任を果たす者でありたいと願わずにいられません。

特別養護老人ホーム

全員がいつかはお年寄りに

六二号　一九七九年五月一日　理事長　長沢　巌

今、法人の新規事業として準備されているのは、寝たきり老人のための特別養護老人ホームです。この施設の用地として、昨年秋、ほぼ確実とまで思われたのは、奇しくも十年前にやまばと学園の用地として交渉し、そして断られたときとまったく同じ土地でしたが、今回またしても地元の反対のために入手不可能になってしまいました。けれども、そのために町当局は代替地のあっせんに尽力し、その結果地主及び周辺地域住民の承諾が得られ、まず用地が確保される段階に至りました。

この計画は牧ノ原やまばと学園とは無関係に見えますが、つながっている点もあります。第一に、成人寮の寮生たちもいつかは老齢を迎えます。その時の行く先を考える必要があります。第二に、やまばとの仕事のためにはせ参じた職員やその家族も、やがて老齢に達します。共同体としては、その生涯の最後までを保障しなければならないと考えます。第三に、牧ノ原やまばと学園の母体となった榛原教会では、やまばとの重荷を負うとともに、教会の社会委員会・婦人会を通して、細々ながら地域のお年寄りの問題を考えてきました。

老後になってもすこやかに過ごせる場を

私の前任者である老婦人牧師阿比留先生とそのお姉さまの安藤先生が一緒に住んでおられ、このお二人を婦人宣教師のマクラクラン先生がよくお世話しておられました。その時お手伝いをしておられた小沢香さんという教会員も、今は特別養護老人ホームに入っておられ、マクラクラン先生は八十三歳でまだ至極お元気ですが、やがてお入りになる老人ホームはすでに決っているとのことです。

もちろん家族とともに過ごせるお年寄りは幸せですが、そうできない方たちのために、どうしても老人ホームは必要です。そしてそこは、ただ入居している人々のためだけでなく、地域の在宅老人のためのサービス・センターとなるべきです。そういう意味で、やまばと学園・やまばと成人寮と共通の使命を持つ特別養護老人ホーム建設であることを申し添えます。

死を前に、神の御前で果たしていく隣人愛

七〇号　一九八〇年九月一日　理事長　長沢　厳

私が神を信ずるようになったのは、知的障がいのある姉の助けによるところが大きいのです。姉と私は、年子の姉弟として、一緒に育ちました。ごく小さい時には、外でけんかしている私の所へ、姉が加勢に来てくれた、という記憶があります。

そういう「恩」を受けながら、私は勝手なもので、少し成長して知能の差が大きくなると、私の所に寄ってきて、くどくどと話すのをうるさいと思い、さらに汚かったり、臭かったりするので、邪険に追い払ったりしたものです。

姉が藤倉学園という戦前たいへん少なかった施設の一つに入所したとき、私の家は火が消えたように静かになりました。三年後戦争が終わってから、姉は退園してきたのですが、今度は私が遠隔地の学校に入ったため、一人で下宿することになりました。

そういうときになりますと、最も身近にいる姉に私がどんなに不人情だったかと申し訳なく思うのでした。このような経験を通して、人間は自分のためではなく、「ともに生きる」べきだと心に深く感じさせられました。同じころイエスの生き方を新しく学び、これが本当だと信じたのでした。

聖書のメッセージを煮詰めますと、天地創造の理由は愛であることがわかります。神の本質は愛であるために、愛する相手を必要として、これを創造されたのです。そういう意味で、私たちの生きる

目的は、神を愛することだといえます。

人間が生まれるときは母と一つであった者が、分離される、大きな危機ともいえるでしょう。しかし生まれ出た子は、母と分離されたことによって、母から愛されるという幸いを豊かに身に受け、その愛によって成長します。

けれども、成長した人間は、母の愛だけでは満たされない者となり、特に異性を求めて、愛し愛される関係をつくります。そのゴールが結婚ですが、今まで別々だった二人が、一体とさせられます。結婚の結果、先ほど見たような出産が起こりますが、親の立場からしても、新しく愛する対象が得られることは、大きな喜びです。一方、親は段々と年老いていき、息子や娘、さらに孫たちから愛されることを必要とするようになります。

私たちは、どんなに長生きしても、永遠には生きられません。けれども、神と一つになるとき、永遠に生きることができます。ですから、毎日の生活の一瞬一瞬の中に永遠があるのです。この永遠を見いだした者にとって、死はもはや恐れではなくなります。

こうして神を愛する者は、動くことのない平安を与えられます。神の愛をいただいた者は、その愛によって、神に習って、他の人々を愛する者となります。その対象は肉親に限らず、また私たちを愛してくれる人々とも限りません。

イエスは、「先生、律法の中でどの戒めがいちばん大切なのですか」と問われて、「『心をつくし、精神をつくし、思いをつくして、主なるあなたの神を愛せよ』これがいちばん大切な、第一の戒めである。第二もこれと同様である、『自分を愛するようにあなたの隣り人を愛せよ』」と答えられました。(マタイによる福音書二十二章三十六〜三十九節)。私たちの地上の生活は、具体的には、この隣人愛のためであるといってよいでしょう。

特養の建設と運営に携わる者は、この施設がそのような目的に仕えることができるよう、祈りつつ最善の努力をしなければなりません。誰しもやがては年老い、この世を去っていきます。しかし現在すでに神との交わりを与えられて永遠の世界に入れられ、なお残る地上の歩みを神とともに進めさせていただくとは何という幸いでしょうか!

社会情勢、土地の難題を乗り越え、老人施設建設へ

七九号　一九八一年六月一日　理事長　長沢　巌

榛原教会の婦人会は、ここ数年来、主に榛原町の寝たきり老人、一人暮らしの老人をクリスマスにお見舞してきました。そうしたことを通して、私どもは寝たきり老人の施設の建設を目指して歩んで参りましたが、その実現は非常に遅れたと言わなければなりません。施設長に就任された板倉先生が、その余生をささげてこの仕事に従事される決断をされたのは、もうかなり以前のことですが、一時はその志を遂げることが絶望的に見えるほどの遅れでした。

遅れの理由は、学園内部の体制が整わなかったことです。重い知的障がいのある人たちを預かることだけで手いっぱいの私どもは、なかなか新しい事業に着手することができませんでした。また、「高

度成長」が終わりを告げ、新しい社会福祉施設の建設が容易にできない情勢となりました。

昭和五十五年度の建設事業として、県に計画を提出し、大先輩の社会福祉法人十字の園の新規事業、伊豆高原十字の園と並んで建設を許可されましたことをたいへん光栄に存じます。

農業振興法による農用地の指定解除と再度申請、地震対策のための崖地条例に触れて建築が制約され、敷地内を流れる水路の改修をしながら建築工事も同時に行うなど、建設用地の取得に関しては、多くの困難な問題がありました。けれども、榛原町長をはじめとする町当局、静岡県中部民生事務所、そして地元の測量事務所などに陰に陽に御助力をいただくことによって、一つ一つの問題が解決していきました。

法人として大変な負担を懸念していた取り付け道路の拡張と水道の施設工事は、町議会の議決を通して町が負担することに決定しました。与えられた現用地はそれほど交通の便のよい所はありませんが、静岡県の県立御前崎自然公園の中にあり、環境に恵まれた場所です。施設長の板倉先生はすでにしばらく前からここに定住しておられますが、町から来られてめっきり咳が減ったといわれます。医師である方が身をもって実証された訳ですが、空気がたいへんきれいで、これから入って来られる老人の方たちにとってよい場所です。

四半世紀親しんだ「芝生の中庭」とのお別れの会

二六〇号　一九九六年七月一日　理事・榛原教会牧師　戸井雄二

五月下旬の土曜日に、学園では珍しいイベントが行われました。開園当初から二十五年以上の長きにわたって皆に親しまれてきた「芝生の中庭」とのお別れの会です。暑い日でしたが、学園、成人寮、垂穂寮の全員が集まって、運動会のときのようにテントを設営し、グループごとに親しくおべんとうを食べたりしました。東京からのお客様もあり、楽しいひとときをともにすることができました。

今みるとそれほど大きくない中庭ですが、初期の頃には毎年のようにここで盛大に運動会を開催したのでした。職員が「トラック」を全力疾走した？のが、まるで夢のようです。

新しい施設のためにこの場所も取りつぶさなければなりませんが、それは別の形に「生まれ変わる」ことですので、この日のイベントも決して悲しい「お別れの会」ではありませんでした。新しく施設を建設するということは、正当な理由があって初めて公に承認されることですが、「やまばと希望寮」の建設計画も、これまでのやまばと学園の園生さんが皆成長したために、児童施設を成人施設に転換する必要が生じたところから始まりました。

住みなれたわが家を離れて子どもたちが巣立っていくように、古いものとの別離は成長発展の一段階として避けられないことであるのでしょう。そして未知の前途への希望があるからこそ古いものとの訣別もできるのだと思います。

一九八三年一月に『にじを仰いで』（日本基督教団出版局）の出版とほぼ同時に、長沢理事長（当時）は髄膜腫摘出手術の不成功により重度障がい者の身となりましたが、十三年四ヶ月後の今は特に臨死状態ともいうべき厳しい現実に直面しています。そして、この厳しい現実を目前にしながら、学園は「やまばと希望寮」の建設に着手しようとしているのです。真の希望は、この厳しい現実の中でこそ与えられていると申し上げたいと思います。

先人にならって私たちも心から次のように言いたいと思います。

「私たちの主イエス・キリストの父である神、慈愛に満ちた父、慰めを豊かにくださる神がほめたたえられますように。神は、あらゆる苦難に際して私たちを慰めてくださるので、私たちも神からいただくこの慰めによって、あらゆる苦難の中にある人々を慰めることができます。」（コリントの信徒への手紙二）

夢を受け継ぐ ―展開する事業と導き

三六二号　二〇〇五年二月　理事長　長沢道子

目下、牧ノ原やまばと学園は、知的障がいの人々と高齢の人々を対象にした仕事をしています。知的障がいの方々の施設には、居住型施設として、やまばと成人寮（定員三十名）、垂穂寮の入所部門（定員五十名）、やまばと希望寮（定員三十名）があります。それ以外は、すべて、地域で暮らす「在宅障がい児の生活を支援する」ものとなりました。

具体的には、各居住施設でのショートステイ事業、広域の在宅障がい児者を対象にした「生活支援センターやまばと」、自宅から通う人々のための「ケアセンターさざんか」「ケアセンター野ばら」、男性のグループホーム「こづつみ寮」（定員六名）と「青葉の家」（定員四名）。それから知的障がい児のための訪問介護事業「ライフサポートさふらん」。さらに、今年、女性のためのグループホーム「みぎわホーム」「第二こづつみ寮」（定員五名）、小規模デイサービス事業の「ケアセンターマーガレット」（定員十名）を開設する予定です。

ニーズに対して私どもが率先して取り組んだものもあれば、地方自治体や育成会関係の方が積極的に働いた結果のものもあります。いずれにせよ、我が子の行く先を求める親の方々の熱心な運動が、各自治体を動かしてきました。大切なのは、何のために、誰のために、何を目指しているのかという理念や価値観の共有と確認でしょう。

前理事長の長沢巌は、一九七〇年、最初の施設やまばと学園ができた時、「単に福祉事業をするのではなく、重度知的障がい児を中心とする愛の共同体が社会に広がっていくこと」を目指しました。その中で、「やまばと学園、やまばと成人寮とは別に、やまばとホーム、やまばと授産所が生まれましたが、私の最も大きな夢は、聖ルカホームの建設を含めて、教会から出発したこの運動が、一つとなって神様の目的を達成することです。特別養護老人ホームの建設は、これまでの働きとは次元の違う事業ですが、神様が与えてくださった夢は、同じように実現に導かれることを信じております」と述べています。

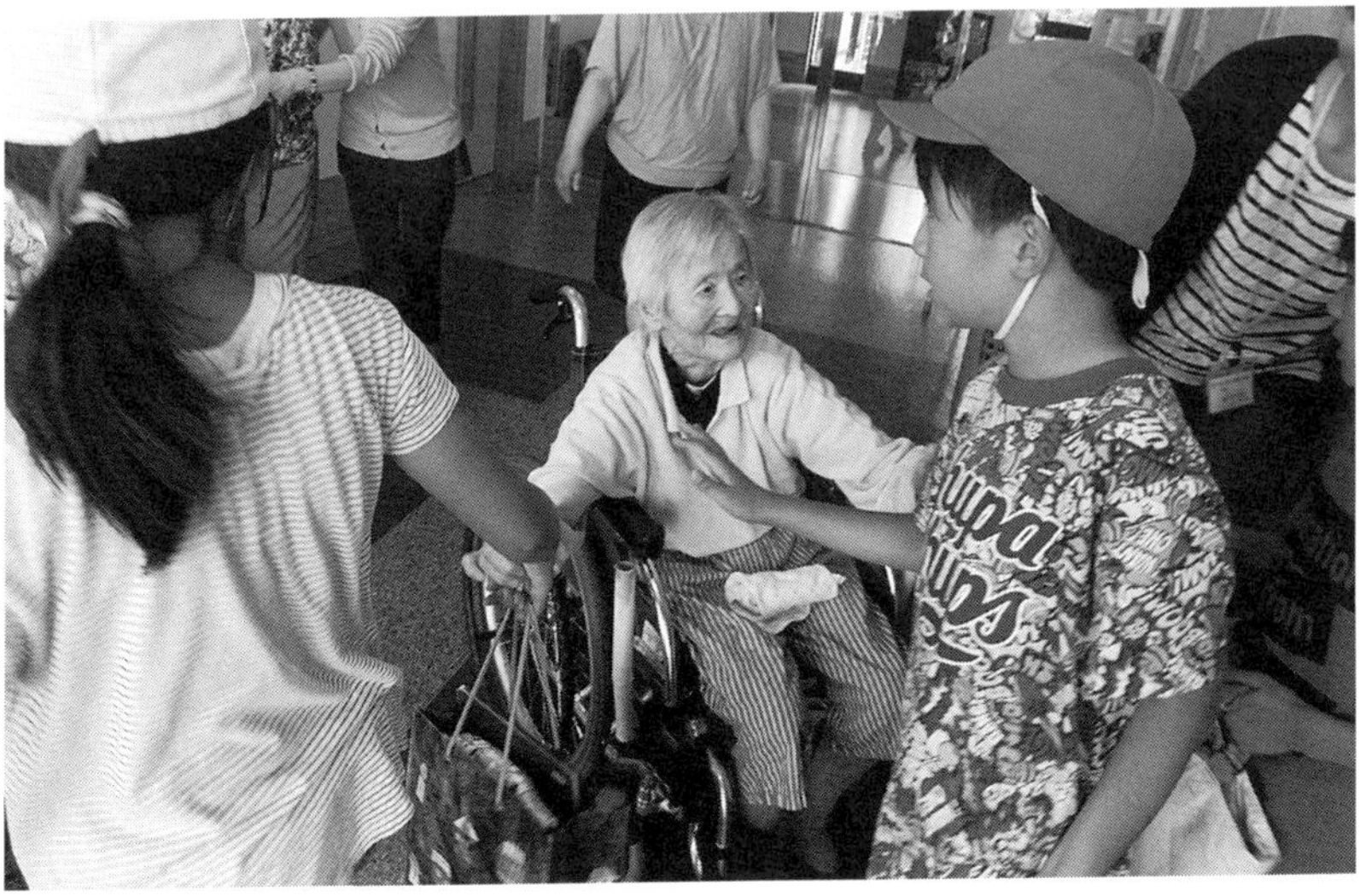

高齢者と地域の子どもたち

聖ルカホームの建設は、用地の買収も二転三転して困難を極め、建設費が大きかったため自己負担も莫大な額でした。さまざまな人に寄付を求め、職員からさえ借金をしたとのことです。私が理事長だったら、「そんな事業はやめよう。理事長として借金を負うのもごめんだ」と辞任したのではないかと思うのですが、前理事長は、固い決意の元に東奔西走し、全力を尽くしました。その後、さまざまな障壁が取り除かれ、聖ルカホームが誕生。今では借金も完済し、訪問介護などの事業も起きています。その足跡を振り返るとき、神の導きと、多くの方々の支援に感謝せずにはいられません。

神の目的や意志という言葉は、キリスト教の信者でない方々には、自由を束縛され、信仰を強要される印象があるかもしれません。これについて、私自身は「神は、私たち一人一人を愛してくださっているけれど、特に最も弱い立場に置かれた人々のことを気にかけておられる。そして、この人たちが人間社会の中でのけ者にされずに、同等の価値を持った仲間として受け入れられ、互いに愛し合って生きていくことを望んでおられる。それが神の願いであり、それを実現する歩みをすることが、神の意志に従うことだ」と考えています。

相良町の「こづつみ寮」と「第二こづつみ寮」、そして、今後仲間になる島田市内の三つの小規模作業所は、当法人が設立したものではありませんが、「誰もが地域の一員として尊重されるように」という同じ願いから活動が始まっています。今後も、その願いがさらに豊かに実るよう、ともに歩み、力を合わせていきたく思います。

地元企業とワークセンターでのパン作り

四五四号　二〇一三年七月一日　味の素ベーカリー　二藤　健

我々の会社味の素ベーカリーは島田市にある冷凍生地製造会社ですが、何か事業を通じて社会にお役にたてないかと、生地の提供と資金協力を考えました。昼休みに、テストで焼成したパンを従業員に販売することにして、ボランティアの形態で活動を始めました。

販売が安定し、それなりの原資ができたとき、当時の弊社社長加藤千尋から、「お金を寄付するより、何か継続的事業のために協力するのがよいのでは」という助言があり、遊休資産だったオーブンやミキサーも提供しようということになりました。そして二〇〇六年春、島田市役所に相談したところ、ご紹介いただいたのが牧ノ原やまばと学園で、そこから以前製パンに関わっていたワークセンターやまばとと出会うことになったのです。

当時、ワークセンターやまばとでは、それまで稼働していた製パン用設備の老朽化や破損により、パン作りは休止中。廃業も選択肢になっていた時期でした。私たちはパン工場を見学し、すでに設備はあること、改造すれば十分稼働できることを知り、その具体化のための協力を申し出ました。

製パン室の改修にあたっては、電気などは弊社の工務部、設備の運用は開発部の有志が参加してくれ、立ち上げ・稼働に弾みをつけてくれました。ハード面での協力はできましたが、設備の運用管理や事業として利益がでるかなどの課題に関しては、「ワークセンターやまばと」の皆さんがあたるしかありませんでした。たまたま、当時働き始めた職員さんに、元製菓工場でリーダーとして働いていた平尾さんがおられたことも実に不思議なことでした。この方が、昔取った杵柄をフルに回転させ、一般の会社にもひけをとらない、見栄えがよくておいしいパンを次々に生み出すことになったのです。

あれから七年たった現在、順調に事業が伸展している様子を見るにつけても、「ワークセンターやまばと」の職員さんたちの働きに、頭が下がります。また、私どもが描いた理想の姿が現実のものとなり、感無量で言葉になりません。

第五章

施設の運営とは
——ひと、土地、お金について

普通の子どもに与えられているしあわせをほとんどを持たない障がい児だからこそ、一般ではぜいたくだといわれる環境に住まわせることが、社会全体の責任であるはずです。

必要なものはすべて与えられる

施設運営の仕事に全面的に関わるようになってからも、長沢は牧師という立場を貫き、学園からの報酬は一切受け取りませんでした。その後、指導監査に来た県の担当者から「正当な報酬を受け、社会保険にも入るように」と指導され、社会保険に加入しました。それでも報酬はうけとらず、全額法人へ寄付したのでした。社会保険加入後二年くらい経って、予期せず重度心身障がい者になりましたが、あのとき社会保険に変わるよう命じられたおかげで、最短の加入期間にもかかわらず、毎月十五万円くらいの障害年金を受け取れたわけです。

長沢が障がいを持ち、初めて残金が四十七万円くらいしかない貯金通帳を見て、愕然としました。生活費すべてを夫に出してもらい、小規模作業所からの報酬六万円くらいを自分のために活用していた私は、食費を分担すべきだったと申し訳なく思いました。しかし、神様のためにすべてをささげる人には、必要なものはすべて与えられることを、やがて体験することになりました。療養生活を始めた長沢に、全国から見舞金が寄せられ、車いす対応のリフト車を購入したり、自宅をバリアフリー化したりと、療養生活二十四年の間、必要なモノや助けが滞りなく与えられ、困ることはなかったからです。

ひと

和を尊ぶチームでスタートへ

三号　一九六九年五月　長沢　巌

「先立つものは……」といわれますが、お金よりも重要なのは働く人と、その人たちの和だと思います。幸い今までに十名の就職希望者が与えられ、そのうち八名は開園と同時に就職が可能です。職員の定員は一応十二名となっており、過半数はすでに確保したことになります。しかもこの十名の中には榛原教会の役員が二名、また、榛原高校のほぼ同じ年度の卒業生が五名含まれていることは、発足当初から息の合ったチームが組めることを予想させます。

職員の処遇

六号　一九七〇年一月　設立準備委員長　長沢　巌

職員の生活保障は至上命題です。社会事業は奉仕の仕事だから、従業員は薄給に甘んずることが当然だという風習が、これまでの日本社会、ことにキリスト教主義の施設においてははなはだしかったようです。

しかし、管理者が職員に奉仕を強制するのは大きなまちがいでしょう。ことに重度知的障がい児のために働く人々には、他の場合以上の給与と休養を与えなければうそです。

職員定員と人員不足 ――法改定の必要性

一五号　一九七一年七月一日　設立準備委員長　長沢　巌

現在、当学園では、指導員・保母を、法的定員七名の倍の十四名（うちパート・タイム二名）に増員しています。これはほぼ子ども二人に指導員・保母一人の割合ですが、常にこの人数の職員が子どもたちといるわけではありません。毎日平均二名の職員は週一回の公休を取っていますし、保母のうち準夜勤・深夜勤・夜勤明け・調理・洗濯に各一名が取られます。日勤の先生方も、一日九時間を超える勤務は労働基準法によってできませんから、交代で休憩を取ります。その結果、ある時間帯には職員二人で三十人の子どもを見なければならないという事態が起こります。

解決策は増員以外にありません。けれども、国の職員定員のいいかげんな基準では望みようがありません。普通の精神薄弱児施設でさえも、この定員では非常に大変だといいますが、重度の施設には別の基準があるべきです。

この春、私たちは神奈川県下の幾つかの成人施設を見学しました。その一つ県立重度精神薄弱者施設津久井やまゆり園では、国と県からの収入比が四対六とのことでした。つまり、全経費をまかなうために国が交付している委託措置費では、実際には、全経費の四割しかまかなえないのです。やまばと学園の今年度の予算では、全経費における委託措置費の割合は約六割です。津久井やまゆり園に比べて職員が少ないせいでしょう。県立なら経費の不足分はすべて県の財政から出せますが、民間の施設はまったくそのような保障がないところが、今日の社会福祉行政のはなはだしい矛盾です。

私たちが考えている子どもたちの保護と教育には、児童一・五に対して指導員・保母一――学園全体で子どもの指導に当たる職員二十名――はほしいと思います。やまばと学園の実績をふまえて、これだけの職員定数が確保されるよう、法律改正のために声をあげましょう。

収容人数についての考え方

一六号　一九七一年九月　設立準備委員長　長沢　巌

成人寮の収容人数は、認可施設最低の三十名でスタートします。経済的には五十名くらいの方が効率がよいのですが、小さな力で質のよい仕事をするためには、定員を絞った方がよいということになりました。また、重度の成人施設は、入所者の大部分が生涯退所しないため、定員いっぱいの収容人数でスタートすると、やまばと学園から成人寮へ送り出したい時に、あきがなくて入れない事態が考えられます。そこで当座は小規模にして、将来適当な時期に増設をする余地を残すことにしました。

大切なのは、働く人たちの和

ベースアップと定員

一九号　一九七二年三月　運営委員長　長沢　巌

昨年五月づけで公務員のベース・アップが行われました。これは、政府から一括して「事務費」の単価が上がるというもので、各施設ではその事務費の中から各職員の俸給をどう支給するかを決めます。

この単価改正の通達が年明けに来たので、二月の職員会で、給与の改訂を協議しました。その時問題となったのが、職員の法定定員十一名のところ、実際には十七名いるために、人件費の赤字が年間百七十八万円に上るという事実でした。大学新卒者（およびそれと同年齢の者）の給与は、地方公務員給与に準ずるという建前が、やりくりを一層厳しくします。結局、赤字の増大を抑えるために、園長、事務長など年長者の俸給を、すえ置く方法をとらざるをえませんでした。

夫婦で勤務している場合は、妻の給与を下げるという、一般社会では暴挙といわれることも行われています。公務員並みということは、八時間勤務の行政職と同じという意味ですから、施設で、しかも九時間勤務をしていることを考えると、かなり低いと言わなければなりません。

勤務の状況

一九号　一九七二年三月一日　運営委員長　長沢　巌

今日は学園での勤務の形態についてお話ししたいと思います。

保母の場合、昼間の勤務にはA・Bの二種類と「早番」があります。子どもたちを一日中保護し、教育するため、交代で休憩時間をとる必要から生まれました。子どもに接しない洗濯や調理も、交代で回ってきます。いちばん大変なのは夜勤で、特に、深夜勤はただ一人で、午後十時から翌朝まで収容棟の責任をもつため、精神的にも肉体的にも過酷な勤務です。

これらの勤務はもちろん保母全員に平等に割りふられるので、体調の調整が問題になります。勤務の組み方にも研究の余地があるかもしれませんが、職員の絶対数が足りないことが根本的な問題であることはたしかです。

仕事の厳しさには、こうした「量」の問題とともに、「質」の問題があります。決められた時間だけ子どもの世話をしていればよいのではなく、その時間中どのように子どもを指導すればよいのかというところに職員の苦心があるのです。社会福祉の仕事は、日本ではまだまだ未開拓の分野であって、そのための専門職が十分養成されていないのが現状です。

重度知的障がい児の教育は、正常時の場合以上に高度の専門知識を必要とするはずですが、職員は、自分たちがそのための訓練をほとんど受けていないことを自覚しています。ですからこれから先も長い間働きながら学ぶという二重の課題を、指導員・保母たちは負わなければならないのです。

成人寮発足時の職員

二三号　一九七二年十一月一日　運営委員長　長沢　巌

やまばと成人寮の職員は十八人を予定していますが、その内訳は次の通りです。

寮長　一
保健婦（看護婦）　一
生活指導員および作業指導員　十二
事務員　一
調理員　一
洗濯員　一
用務員　一

成人施設が児童施設と違う点は、保健婦あるいは看護婦が必要なことと、児童指導員・保母に代わって、生活指導員・作業指導員が現場の仕事にあたるということです。

おもに身の回りの世話と、身辺自立の訓練をする生活指導員は、やまばと学園の保母と共通した点があるでしょう。寮生に、どのような作業が適しているかはたいへんむずかしい問題で、まだ暗中模索の状態です。作業指導員はそれぞれの仕事を教えながら、この人たちの内に潜んでいる能力を引き出す手伝いをすることになります。

現在、内定している職員は、寮長を含めて六人です。この方たちは、成人寮職員募集にこたえて、遠く関東や関西の地方から馳せ参じてくださった方が多く、感激しております。一方、やまばと学園でもまだ職員の人数が不足しており、最低二人の保母を必要としています。つまり、両方の施設でこれから必要な職員数は十四ということになります。

資格の有無については、もちろん大学で社会福祉や特殊教育を専攻されたり、保母資格をもっておられたりすることが望ましいのですが、それが絶対の条件ではありません。働きながら学んでいただくこともできますし、また具体的にはいろいろな仕事がありますので、それぞれの能力を生かして、補い合って全体の業務を遂行していただければと考えています。

施設民主主義で実現する改修計画

五八号　一九七八年九月一日　運営委員長　長沢　巌

学園の改修計画は、職員の議決機関である学園会議で立案されました。その案を受けて、事務局が業者の意見も聞き、具体的な助言もして、計画が煮詰まり、やはり学園会議において最後の決定がなされました。その後、学園全体の執行機関である総務会と、最高議決機関の職員会で承認され、さらに理事会の承認を得てはじめて法人の正式の事業となります。

改造工事の経過報告を長々としてきましたが、これによって牧ノ原やまばと学園の独自な運営の仕方が少し御理解いただけたかと思います。それは「施設民主主義」などと呼ばれてきましたが、現場の職員に発言権があり、それに伴って責任もあるという方式です。自画自賛になってしまいますが、この改修計画ではその良さがかなり現れています。

土地と建物

障がい者にぜいたくだといわれる環境を

三号　一九六九年五月　設立準備委員長　長沢　巌

施設の建設にあたっては、お金が足りなければ、最低基準の建物で甘んずべきだという議論もできるかもしれません。しかし、収容施設については不燃性の建物の建築が法律で命じられています。コンクリートの建築物は建て直しがききません。日進月歩の建築技術を考えると、先進的なものをつくらなければ、たちまち時代遅れになってしまいます。新しいものだけがよいとはいいませんが、子どもたちには最も優れた設備が必要なのです。

しいのみ学園の園長である昇地《しょうち》三郎博士が、フィンランドのリンネコティ精神薄弱者施設を見学した時、一流ホテル並みのデラックスな施設に驚き、「普通の子どもよりいいじゃありませんか」と冗談まじりに批評したところ、若い医師に「彼らのほうをよくするのはあたりまえでしょう」と大きな声で答えられて赤面したそうです。普通の子どもに与えられているしあわせをほとんどを持たない障がい児だからこそ、一般ではぜいたくだといわれる環境に住まわせることが、社会全体の責任であるはずです。

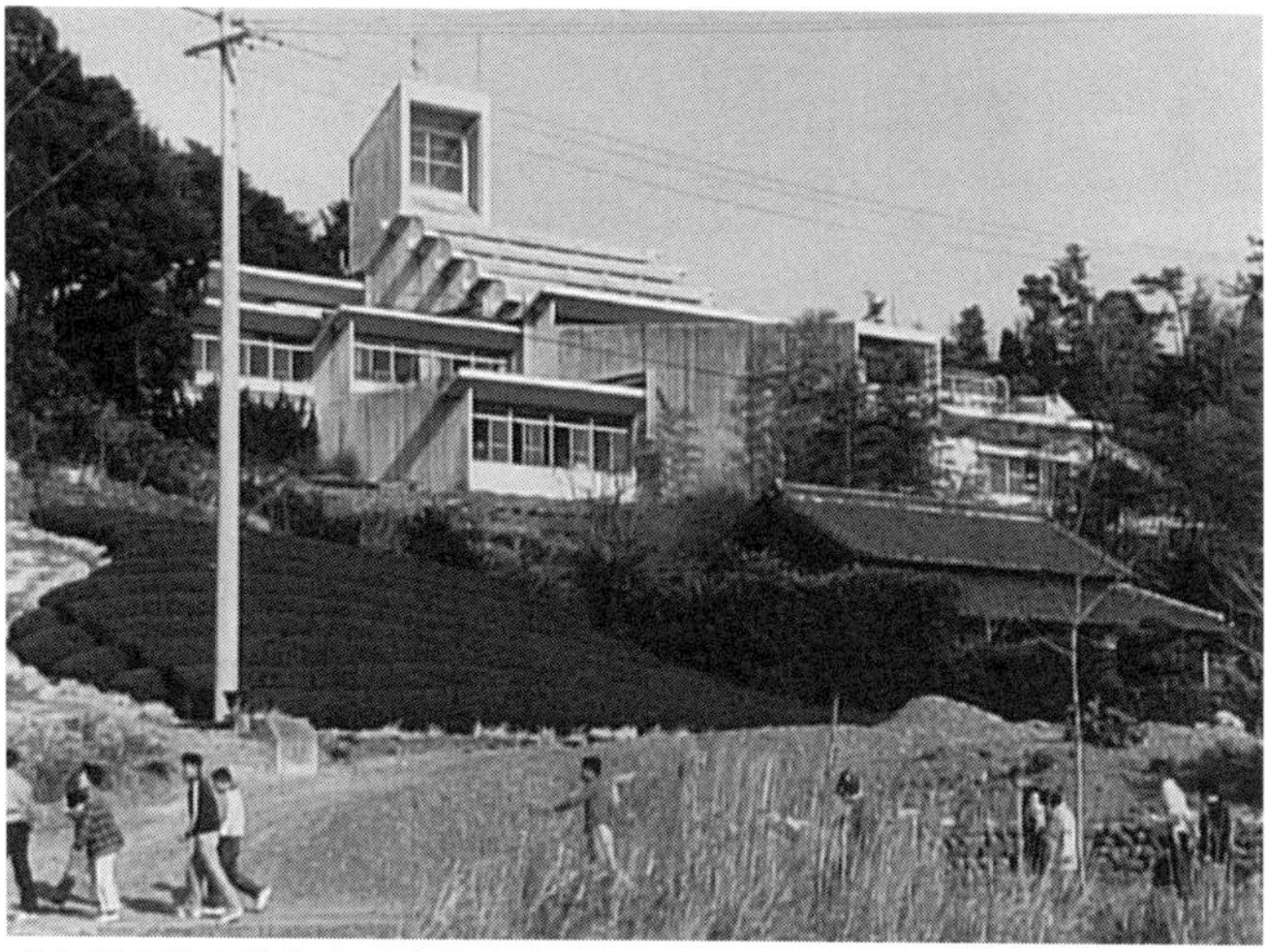
成人寮の前を散歩する寮生たち

採光と通風に工夫を凝らした快適な場所

二七号　一九七三年七月　運営委員長　長沢　巌

五月一日に開寮したやまばと成人寮は、松林と茶畑の緑に囲まれ、東名高速道路越しに駿河湾を眺望するという恵まれた環境に助けられ、初夏の日ざしに照り映えているその建物は、たいへん美しいと思います。傾斜地にこのような施設を建てることは、建築的にかなりむずかしい問題でしたが、それに積極的に取り組むことで、平地には不可能な、変化に富んだ建物が生まれたことに、私は人生の大きな教訓を与えられた思いがします。

何より大切な住み心地や使い勝手は、完全とはいえませんが、満足すべきものです。寮生たちのおもに生活する場所は、居室とホールのある二階で、食事の時だけ階段に代わる長いスロープを通って一階の食堂へ降りて行きます。三階は職員たちの常時いる所ですが、ホールの天井は吹き抜けなので、上から寮生たちの様子がよく見えます。

この建物は、採光と通風の面で特にすぐれています。ホールの南側は上から下までガラスで、天井は何段かに切られていて、その間から自然の光線が降り注いでいます。逆に夜は室内の光が外にあふれ出します。私は開寮後まもなく、夜の会議に出席するために車で田舎道を走って行ってびっくりしました。成人寮全体が一つの光の塊のように見えたのです。

聖書のイエスのことばに、「あなたがたは、世の光である。山の上にある町は隠れることができない」とある事を思い出します。このように「光り輝く」姿は、あるいは世の中の人々の誤解を招くかもしれません。外見だけは一流ホテル（？）並みなので、ずいぶんぜいたくが行われているように受け取られる危険があります。

本当は、ハンディキャップを持っている人々に最善のものが提供されなければならないと思うのですが、残念ながら、成人寮はそれにはほど遠い実情です。たとえば一般の建物でも冷暖房完備があたりまえになってきていますが、成人寮には冷房はありません。ただ自然の風が思う存分吹き抜けるように設計されており、暑苦しさに悩むことは少ないでしょう。

私たちが思い切って設備したのはホールその他の床暖房です。足もとから温める暖房が望ましいことは言うまでもありません。終生ここをすみかとするかもしれない人たちのために、ぜひ実現したいと思った次第です。

職員の希望取り入れた学園の改修計画

五八号　一九七八年九月　運営委員長　長沢　巖

私はこの文章を、夏期家庭生活指導期間、夏休みの明けの日に書いています。休暇は、平穏に過ぎたように思います。空っぽになった学園の建物の中では終始、かなり大掛かりな改造の工事が行われていました。しかし休み中も、大井事務長がいつものように「陣頭指揮」に当たられたおかげで、どうにか今日までに大体の工事は終わったようです。

当初の改造の目的は「自立グループ」の居室の移転でした。この子どもたちは、ある程度身の回りの整理もできますし、「動く重症児」といわれる子どもたちにかき回されないようにと、かぎ付きの別室を与えられていたのですが、居住性がたいへん悪い場所でした。また、園児たちが心身ともに目覚ましく成長しており、男子と女子の室を分けようということで改造計画が始まりました。当初二階に持っていく計画でしたが、問題があって、今回は遂に決定を見るに至りませんでした。ですから実施されたのはその他の部分を対象とする第一期工事です。

学園最初の建物は、専門家の設計によらなかったこともあり、いくつかの欠点がありました。また、前回の改造は準備不足のため不徹底な部分がありましたが、今度は時間もかけ、職員間でかなり話しあいましたので、相当の成果を挙げるのではないかと期待しています。

成人寮の建築は、すぐれた設計者に依頼し、設計者が当時の学園の職員の希望を十分取入れたおかげで、大きな改造は必要ない状態です。成人寮でも必要な設備などは職員たちの発意で調えてきており、最近では寮生食堂に木製のどっしりしたいすとテーブルが揃いました。

なお成人寮と同時に建てられた職員宿舎の女子寮は、やはり当時の職員の希望を大幅に取り入れたのですが、大きな設計ミスは建物の向きで、毎年夏になると入寮者たちが苦労しているのは申し訳ないことです。今度学園の改造と一緒に、女子寮の中に台所兼用の談話室を造ることなども承認され、工事が行われましたので、いくぶんかは住みやすくなることでしょう。

地域交流の場としての「聖ルカホーム」設計

六七号　一九八〇年三月　神谷・荘司計画設計事務所　坂本啓治

モンシロチョウが、ヒラヒラと車の往来の激しい道路を飛んでいました。北国では、そろそろ初氷初雪の便りが聞かれる十月下旬の朝のことでした。周辺の環境があまりにも違う東京の都心で、仲間もいなくなった季節に、精いっぱい飛んでいる様子を見て、ふと私自身、今、設計を担当しているやまばと学園の特別養護老人ホーム・聖ルカホームで余生を送るお年寄りの生活を思い浮かべました。身体の自由が思うにまかせなくなったお年寄りにとって、このホームは、どのような生活の場であれば良いのでしょうか。

老人ホームなどの施設を計画・設計する場合、その成功・不成功の鍵は、「人」だと、私は、常々考えています。しかし、運営し、ホームを支えるすべての方々が、過不足なく世話をしてくだされればそれでよいというものでもありません。もちろん、ホームを支える方々の「人柄」「人間性」に頼らねばなりませんが、運営方針にそった設備・備品を可能な限り、将来的にも、取り入れ、それらが、手助けとならねば長続きするものではありません。国や県などからの助成金の少ないこれらの施設は、設備面でも不十分で、多くの場合、働く人たちの犠牲の上に成り立っているのが現状です。その上に、大勢の人たちの共同生活の場であるため、建物そのものが複雑となるのは想像する以上です。

建設予算が少ないからこそ、動線計画から棚の高さに至るまで設計段階で十二分に検討する必要があります。狭くて、使いづらい所で仕事に追いかけられては、十分な世話ができるわけがありません。ゆとりを持って働けるようになってはじめて、お年寄りの世話ができるのではないでしょうか。

建物の外観は、単に、雨露がしのげればいいのでしょうか。また、居室などのインテリアも、ただ、機能的で清潔感があればいいのでしょうか。合理的に無駄な空間を造らないという考え方は、過ぎると、味気ないものになってしまいます。お年寄りの生活の場としての「趣き」を持たせたいものです。ことさら、存在を誇張する必要はありませんが、世の中から遊離したものとならず、むしろ、地域交流の場としての容相を持ったホームでありたいと考えます。

あのちょうちょは、土のにおう、緑の多い所へ帰ったでしょうか。

資金

あえて矛盾の多い国の委託制度を使う

三号　一九六九年五月　設立準備委員長　長沢　巌

学園の入所児童は全部、県の児童相談所をとおして来ます。本来は政府が責任を持ってすべき社会福祉の仕事を、民間の団体に委託してやってもらうという制度が戦後できました。したがってこのような施設の運営に要する費用は、すべて国が支出することになります。

新しく施設の建物を建築する場合、国が二分の一、県が四分の一、合計四分の三を補助することになっています。しかし、政府の建築単価の見積もりは低く、しかも最低基準の面積にのみ適用されるので、実際には工事費の二分の一程度にしかならないのが常識になっています。もちろん土地購入に対する援助は一切ありません。現在のやまばと学園の経済的問題はこの点にあります。

このように矛盾はありますが、私たちはあえて国の委託制度に乗ってこの事業を始めようとしています。国家が国民の福祉に責任を持つことが正しければ、すべての施設は公費で運営されるべきです。公費がないと建設ができなくて困るからではなく、国が支出するのが当然だという見地に立って補助金を要求するのです。

学園完成時の資金状況、小口募金中心に千五百万円

八号　一九七〇年五月　運営委員長　長沢　巌

やまばと学園はついに完成いたしました。募金目標千五百万円も見事に達成されました。追加工事などでどうしても建設費が予算をオーバーしますが、静岡県社会福祉協議会からの三百万円の借り入れで、まかなえる見込みです。

国と県の法定補助金が約千二百万円、県単独補助金が約二千六百万円で合わせて約三千八百万円、これは結局七千六百万円程度になると思われる総工費のちょうど半分にあたり、残り半分のうち二千三百万円が借入金です（二千万円は社会福祉事業振興会から）。元は国や県から出るお金で社会事業を助成するために長期・低利の好条件で交付されるものなので進んで借りることにしました。

残り千五百万円は募金ですが、その特徴は、大口寄付が少ないことです。大蔵省の免税の許可を取れなかったこともあり、企業などからの大口の寄付はありません。

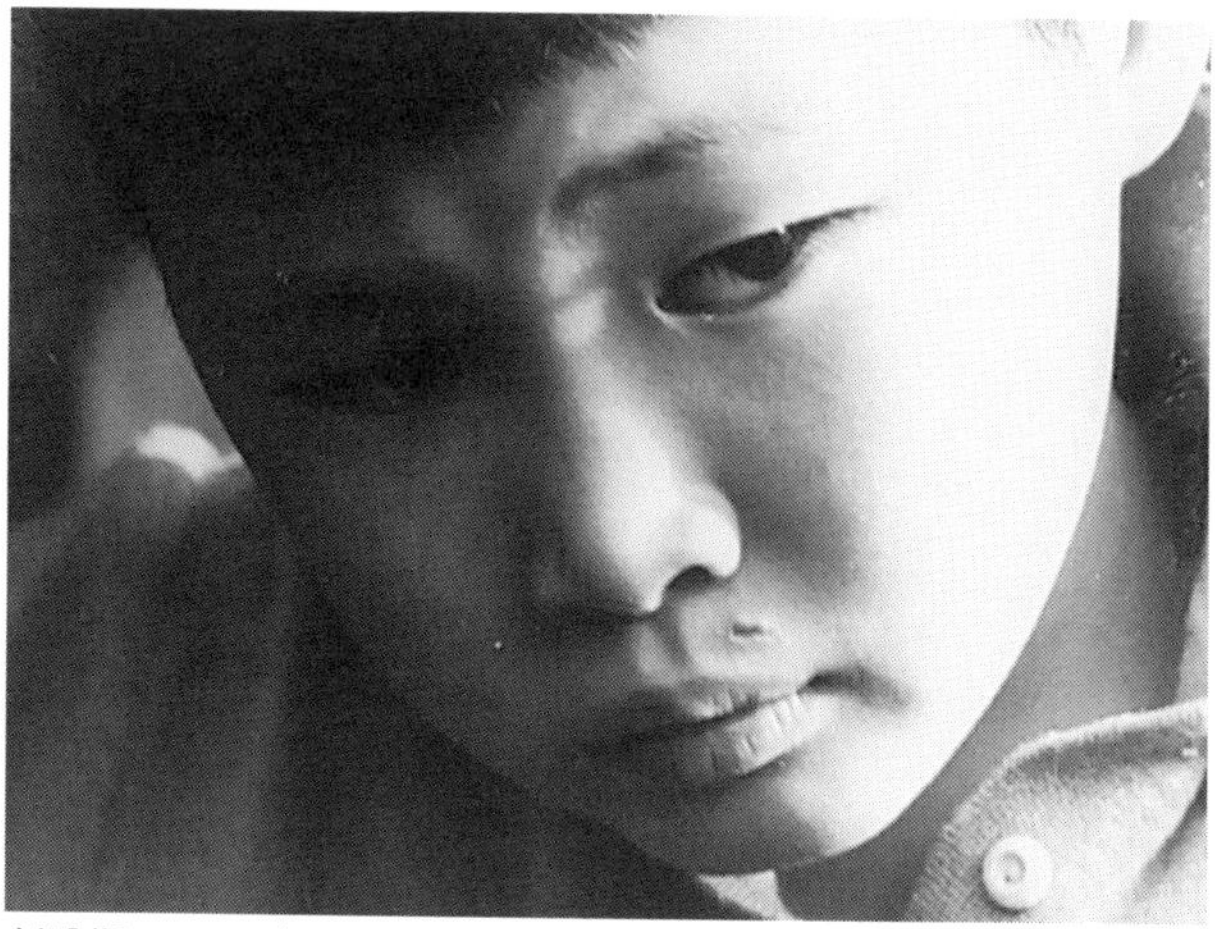

創設期のやまばと学園園児

一方で、一度もお目にかかったことがない方が、「クリスマスを迎え、ささげる所を待っていましたので御旨と信じ送金いたします」というはがきとともに百万円を投じてくださいました。ただ、金額の点では右のような例はまれで、ささげてくださった方の人数が非常に多かった集積が、このような募金結果につながりました。一つ一つの献金とそれに添えられた善意のことばに、どれほどに励まされたかわかりません。

献金者の氏名も金額も発表していないにもかかわらず、快くお助けくださったご寄付を、まことにありがたく感じております。

公費が増えても募金の余地は残すべし

八号　一九七〇年五月　運営委員長　長沢　巌

公費の割合がどんなに大きくなっても、民間の施設に一般の人々の善意の精神を吹き込み、絶えず自由に新しい試みを行っていくために、募金の余地は残しておくべきです。そういう積極的な意味で、今後も募金活動を続けたいと考えています。

これまでは、短期間に多額を集める必要上、皆様に無理なお願いをしてまいりましたが、当分はもっと静かな、そして継続的な仕方で援助していただくことを考えました。それが新しく組織する「やまばと学園を支える会」です。気軽に入会していただけるよう、月会費は一口百円としました。ご事情に応じて、複数口のご加入を歓迎します。「支える会」の会費が三千口与えられれば、やまばと学園はだいたい支障なく歩み続けることができるでしょう。

もちろん臨時の献金もたいへんありがたいものです。昨年のクリスマスは、「信徒の友」のキャンペーンのおかげで非常に順調でしたが、他のキリスト教関係の施設への献金が減少したかもしれません。そう考え、今後は、私たちの方から臨時の献金の訴えはしないつもりです。

やまばと以外にも緊急を要する社会福祉の仕事はいくつもありますので、すべての人に後援者となっていただくことを期待してはおりません。ただ、導かれてやまばとを支えることを一つの使命と感じてくださる方が一人でも多く与えられることを願っております。また今回の募金の成果から見て、日本の社会にはまだまだ社会福祉の仕事を助ける潜在的な力が豊かにあると信ずるものです。

法定職員数と赤字、「支える会」について

二三号　一九七二年十一月　運営委員長　長沢　巌

成人寮が完成すると、やまばと学園に加えてもう一つ施設を運営しなければなりません。寄付金で補わなければならない経営費の赤字も増えます。児童施設は児童福祉法、成人施設は精神薄弱者福祉法に基づいて運営され、国の措置費の額にも違いがあります。成人の方が不利な立場にあるので、今後の赤字が今の赤字を下回ることはないでしょう。

赤字が生ずるのは職員の定員の問題があるからです。政府は寝たきりの重症心身障がい児施設へは子ども一・五人に職員一人の配備を認めていますが、重度精神薄弱児・者施設は、中軽度の施設と同

じ、収容児（者）五人に指導員・保母一人しか認められていません。本来なら、手のかかる「動く重症児（者）」の施設には、少なくとも重症心身障がい児と同等の保証をしなければならないはずです。

政府がそのような施策を早急に講じることは期待できないので、民間の善意の力によって、開拓的な仕事を進めなければなりません。そこで「やまばと学園を支える会」により多くの方をお迎えしたいと考えています。「支える会」は毎月一口百円の会費を納める方を会員として、やまばと学園開園とともに発足しました。

今年九月三十日現在の会員は二千六十五人（五千二十五口）です。四月三十日には千八百七十五人（四千七百三十三口）でしたから、五か月間に百九十人（五百七十二口）の増加です。

これまで文字どおり皆様に支えられて歩んできたことを何より光栄に思うとともに、これからもますます多くの方々とともにこの使命を遂行できますことを心から願い、またそのことが必ず成ると信ずるものでございます。

募金の哲学

三四号　一九七四年九月　運営委員長　長沢　巌

なぜ募金はそれほど重要なのか、私自身の考えをまとめてみたいと思います。

一「必要なものは与えられる」

これは聖書の中のイエスのことば「まず神の国と神の義とを求めなさい。そうすれば、これらのも

私が創った作品です

のは、すべて添えて与えられるであろう」（マタイによる福音書六章三十三節）に基づいています。「哲学」というよりは「信念」とか「信仰」と言った方がいいかもしれません「神の国と神の義」は、神の意志と言い換えてもいいと思いますが、神が命じられることを実行していけば、そのために必要な手段はすべて用意されるという意味です。

牧ノ原やまばと学園建設の発起をした榛原教会の会員たちは、それまでの教会の小さな歩みをとおして、このイエスのことばが偽りでないことを経験していたので、新しい大きな仕事にも乗り出すことができたのです。つまり、重い知的障がいの子どもと大人の施設は、今の社会にほんとうに必要なものだから、その運営は必ず社会の助けを受けるであろう、ということです。

裏返して言うと、社会のニーズにこたえない施設は、助けも得られません。その意味で、いつも自分たちの仕事の内容を検討し、ほんとうに必要なものにのみ募金を集めなければならないと思います。

二　PRで支援者を得る

神様が必要なものを与えてくださるならば、人には知らせなくてもいいという考えも成り立ちます。しかし、一般の人たちに施設の問題を自分たちの問題として捉えてもらうために、むしろ必要なことではないでしょうか。神様の助けは、そのような人々の協力をとおして与えられるのだと思います。

「PR」は「パブリック・リレーション」の頭文字で、広報活動を意味します。施設はその目ざしているいるものや障がいを、ありのままにPRする必要があります。これまで社会事業の側では、社会の人たちの協力が薄いことを歎くことが多かったのですが、その責任の一半は、知らせる努力をしてこなかった施設の方にあると言わなければなりません。現在、私どもでは、機関紙「やまばと」その他をとおして広報活動を行った結果、予想以上の反響があり、その中からしだいに多くの協力者が与えられるという経験をしております。

三　問題を自分ごととして捉える

国民の福祉は政府が責任をもつべきであり、当然施設の必要な経費は政府が全部支出するべきでしょう。それを実現するための改革は必要です。問題は、改革までは何もしなくてよいかということです。

障がい者の問題は、国民一人一人の問題です。税金だけ払って、後は政府の仕事だと考えるのは、根本的な誤りでしょう。社会福祉に対する国民の意識や実践が高まることで、国の政策も変わっていくはずです。

国の施策や制度が整っても、ボランティア活動は必要です。ボランティアの経験を通して、助けを必要とする人たちの問題を自分自身の問題として負うのです。その中に寄付も含まれます。そういう意味で、社会事業のための献金もボランティア精神の一つの表れとして評価すべきだと思います。

四　与えるものと受けるもの

寄付を受けるのは園児や寮生たちであり、その寄付をとおして職員以外の人たちにもこの仕事に参加していただくのだから、遠慮せず喜んで受けたいと考えています。

ずいぶん図々しい態度かもしれませんが、私は、献金によって支えられている教会の中でこのような考え方を学びました。受ける側が与えられるものを少しでも私する心があってはなりません。ささげてくださった方々にも、大きな喜びと必要なすべてのものが与えられることを信じ、そのために祈ることが大切です。

「どうしたら寄付金が集まりますか？」という質問に答えて

五一二号　二〇一八年十月　理事長　長沢道子

寄付金に関するエピソードはたくさんありますが、一九八一年特別養護老人ホーム「聖ルカホーム」を建設した時は、建設用地も二転三転して決まらず、工事費も今までにないほど多額で、前理事長は、寄付のために東奔西走する日々でした。私も一人の裕福なクリスチャンを紹介したところ、日曜日の昼過ぎにしか会えないと言われ、長沢は牧師でありながら教会礼拝を欠席して上京しました。

施設の建設資金調達のために、本職も果たせないのは気の毒だと思いましたが、本人は比較的おおらかでした。そして五百万円もの寄付を頂戴しました。当時、我が家では重い障がいを持つ人たちを受け入れ、共同生活をしていましたが、そのメンバーの保護者の一人が、やはり五百万円の寄付をしてくださいました。その後、他の保護者の方々も次々に寄付を申し出てくださり、聖ルカ建設に役立てることができました。

この共同ホームの建物は、私たちが購入して法人に寄付したのですが、改修などで借金が残っていました。長らく小児科医として学園のために尽くされた板倉先生は、「私はこれから聖ルカホームの施設長になるので、金銭的支援ができなくなる。この際、ホームの借金はすべて返しておきましょう」と、借金の残額を完済してくださったのです。その板倉先生が就任する聖ルカホームのために、今度はホームの関係者たちが寄付金をささげることができたのです。感慨深いことでした。

「どうしたら寄付金が集まりますか？」と聞かれることがあります。無私な心を持つ人が、なぜ寄付金が必要かを熱意を持って訴えれば、それに応える人々を、神様は必ず与えてくださると私は思っています。

前出の多額の寄付をしてくださった方々も、板倉先生も逝去され、私たちを助けてくださった方々の多くは、すでに神様の元に帰られました。中には、病床におられることすら知らず、お便りをしなかった方々もおられ、申し訳なく思っています。

好きだよ、おばあちゃん

私たちは、金銭的なお返しはできませんが、良い働きをすることを通して、皆様への感謝を表したいと思います。そして、牧ノ原やまばと学園は、多くの善意の人々によって支えられてきたことを、今後も語り継いでいきたく思います。

独立法人化

聖隷福祉事業団からの独立

五五号　一九七八年三月　運営委員長　長沢　巌

このたび牧ノ原やまばと学園は、現在所属している社会福祉法人聖隷福祉事業団から分離して、新しい法人を設立することになりました。今後も現法人と関係がなくなるわけではなく、幾つかの法人から成っている「聖隷福祉事業集団」にはとどまります。聖隷病院での診療などについてはこれまで通り便宜をはかっていただくことができます。

法人の独立は、創設当初から聖隷福祉事業団の方針でした。法人のバックアップがなければ、無力で未経験な私たちの計画は官庁に認められなかったでしょう。駆け出しの私たちにとっては荷の重い話でありますが、今まで法人におんぶしていた私たちが、今こそ自分たちの責任において事を処理するようにとの神の導きであることを信じて祈っております。

創立当初の理念は変わりません。一言で言えば「キリスト教主義」です。現法人の定款（社会福祉法人の憲法に当たるもの）にも、特に「キリスト教精神に立って」との一句が明記されていますが、これは新法人の定款にも受け継がれます。

キリスト教精神を仕事に即して言い換えると、私たちのよく使う「ともに生きる」ということになります。神から等しく造られ、愛されている私たち人間のお互いの関係は、「ともに生きる」ことでなければなりません。相手が障がい者であればなおさらです。

牧ノ原やまばと学園では、重い知的障がいのある人たちを中心に、職員が彼らとともに生きようとしています。同時に職員同士、さらに広く地域や社会の人々とともに生きなければなりません。

独立法人としての登記

六三号　一九七九年七月　理事長　長沢　巌

五月一日付で社会福祉法人牧ノ原やまばと学園の設立登記が完了しました。社会福祉法人の憲法に当たるものが「定款」ですが、この際その第一条、「目的」の項をご紹介します。

「この社会福祉法人は、援護、育成又は更生の措置を要する者に対し、キリスト教精神に立って、その独立心をそこなうことなく、社会の一員として生活することができるよう援助することを目的として、次の社会福祉事業を行う。

(1)　第一種社会福祉事業を行う。

㋑　精神薄弱児施設やまばと学園の設置経営

㋺　精神薄弱者更生施設やまばと成人寮の設置経営」

定款の文章は、「準則」というお手本のようなものがあって、ほとんどその通りにつくらなければなりません。そのような性格の定款の中に、「キリスト教精神に立って」の一句が入っているのは、私たちの法人の特色を示すものです。これまで属していた社会福祉法人聖隷福祉事業団の定款にも同じ言葉が入っていましたが、この言葉が国によって認められたことには大きな意味があると思います。

民間の社会福祉事業は何らかの「精神」を持つ必要があります。牧ノ原やまばと学園を今日まで押し動かしてきた力がキリスト教精神であることは、ご理解いただけると思います。この事業は榛原教会によって生み出され、支えられてきました。榛原教会の者たちは精神薄弱児施設の中でも、特に重度障がい児専門のものを建てるという決断をいたしました。

信楽青年寮長の池田太郎先生はご著書『めぐりあい・ひびきあい・はえあいの教育』の最後の章で、このように書いておられます。「私は、障がい児・者の教育に進む者にとっては、愛の問題を抜きにしては一歩も進めないと思うのですが、最近T市へ行ってこんな話を聞きました。それは、障がい児教育に従事している職員の中で、どんな重い人にも教育権を与えようと、格好よく叫んでいる人で、いよいよ重い人たちも受け入れられるような段階に入ると、そういう人たちを自分はよう受け止めることができないと言って、障がい児教育の場から去ってゆく人があるというのです」。

キリスト教も、結局のところ「愛」の一語に帰すると言ってよいでしょう。神から平等に造られた人間は互いに愛し合うべきですが、それができない者として、まず神の愛を仰ぐ、というのがキリスト教の信仰です。

第六章

後進を育てる

知的ハンディをもった人々の素晴らしい点は、どんな人をも偏り見ず、
友達として受け入れるところです。

最後まで交わりを続ける意志

（引地）前理事長の長沢巌さんは、どういう人でしたか？

（長沢）彼は、人の話をじっくり聞く人でした。教会員の方たちは「相談に行くと、いつの間にかもっぱら自分がしゃべっている。何も指示されないまま話が終わるのだけれど、何となく、心の整理がついた気になっている」と、よく言われました。

どちらかというと、内気ではにかみやですが、いったんかかわりを持った人には、最後まで交わりを続ける、そういう人でした。教会員の誕生日には、誕生カードを必ず誕生日に届くように、直に渡したり、投函したりしていました。やまばと学園が始まってからは、今度は職員全員に誕生日カードを送るようになったのです。

長沢の手帳には、自分の予定だけでなく、ご利用者や職員の誕生日、仲人をした職員たちの結婚日、そして祈るべき人の名前が記されていました。

職員を採用するとお宅を訪問し、親御さんにも会って施設のことなどを話していました。

そうやって関係を築いていき、かかわった以上最後まで責任を持って対応する人でした。

中高生との出会い

作業所の皆に教えてもらった事を生かし、頑張ります――問題を起こした高校生

三八二号　二〇〇六年十二月一日　理事長　長沢道子

この夏、ある高等学校から「問題を起こした生徒を、施設で実習させてほしい」という依頼があり、二つの作業所が引き受けました。恐喝などを行った生徒を福祉の現場で障がいのある人々とともに働かせる方が、自宅謹慎より実り多いだろうと、学校側が判断したのでした。スタッフたちはあいさつやルールなど守るべきことは伝え、作業所のメンバーと同じように、働き、楽しんでもらったようです。

一方、知的ハンディのある人々の素晴らしい点は、どんな人をも偏り見ず、友達として受け入れるところです。不良少年であろうがなかろうがまったく無頓着で、とにかく、仲良く、ともに働けることがうれしいのです。やがて、スタッフからは、少年について、「とても良い生徒。将来は、ここで働いてもらいたいくらい」という感想が、出るようになりました。

次の文章は、実習を終えた少年からのお礼のお便りです。これからも人生の山坂が彼を待っているでしょうが、挫折や失敗に負けないで、絶えず上を向いて立ち上がり、社会人として成長していかれ

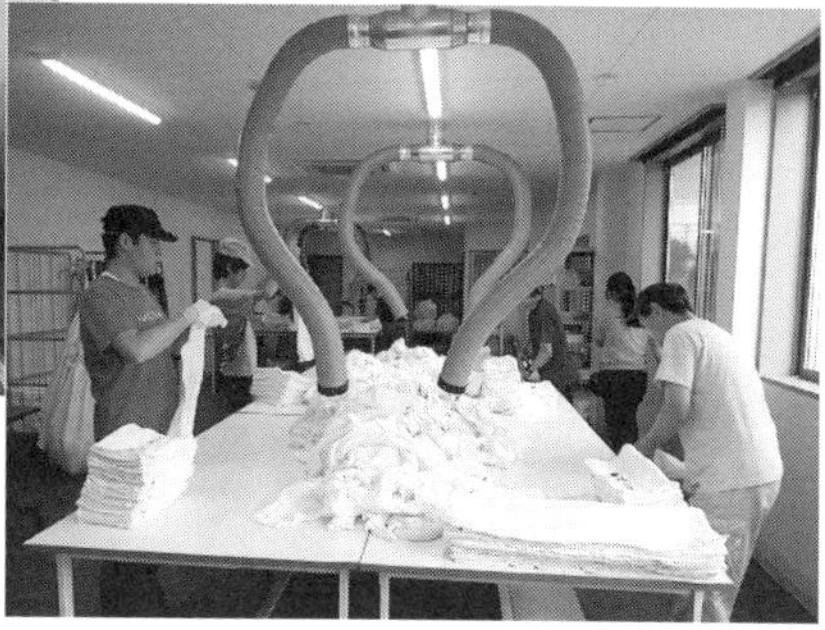
それぞれの適性に応じて作業する

るよう祈らずにはいられません。

「約二週間という短い期間でしたが、いろんな事を教えてくれたり、いろんなアドバイスをして頂き、本当にありがとうございました。この作業所は多分どこよりも活発で楽しみながらやれるところだと思います。自分にとってはすごく居心地の良い場所でした。作業所の人たちの中に悪い人なんていませんでした。皆が皆を助け合い、出来ない人がいれば、それを出来る人が助けてあげる。とてもいいものだと思います。あいさつや『ありがとう』『ごめんなさい』という、出来て当たり前のような事が、恥ずかしい、照れくさいなどの思いが強く、自分には出来ませんでした。言おうとは思うのですが、なかなか言えません。ですが、作業所の人たちは、素直に感謝や謝ることを隠さず言います。とてもすごいと思いました。

お寺の掃除の時、行き帰りに挨拶をしてみると、返事をしてもらえたり、お礼を言われ、とてもいい気分になれました。これから学校に戻り、作業所の皆に教えてもらったことを生かし、頑張って卒業したいと思います。とても早く過ぎてしまい、物足りないような気もしたのですが、本当にありがとうございました。卒業の報告に行くときまで元気に待っていてください。」

お年寄りの歩調に合わせる

一五三号　一九八七年八月一日　聖学院中学一年　大木光馬

静岡県榛原にある聖ルカホームは、茶畑や竹林に囲まれた閑静な所にあった。建物は近代的で、内部はとても清潔であった。初めての老人ホームでの手伝い。なんとなく簡単に考えていた僕は、当日「手伝いの注意」を伺って、自分の考えの甘さを知った。と同時に、ヘルパーの意味の深さと難しさを感じた。

老人になるべく話しかけること。

老人の中にはさまざまな人がいることを知っておくこと。

注意の中でこの二点が僕の心に残った。

早速、昼食の手伝い。食事を載せたお盆をそれぞれの人に運んだ。手が空いた僕は、寝たきりで食事をとるおじいさんを手伝った。夕べ三時頃まで起きていたというおじいさんは、口の中のものをよく飲み込めないようで、パン粥を食べていた。魚も豆腐もホウレンソウも細かくして食べていた。飲み込むときに首をあげて、「うーん。うーん」と声を出していた。その時の目は真剣で、ああ、一生懸命生きようとしているんだと思うと、僕の胸は熱くなった。七十二歳になるそのおじいさんは萩原さんといった。目が不自由で、僕の大木という名前を手のひらに自分で書き、ペロリとなめた。そうすると名前を覚えられるのだそうだ。僕は、「お元気で」と声をかけた。

二時三十分頃ホームを離れて帰路についたが、僕は、こんな短時間では、相手に失礼、一・二日泊まっても手伝いたかったと思った。手伝いの最中は夢中で、あまり考える余裕もなかったが、今は色々なことを思う。ホームでの手伝いは、根本的に家での手伝いとは違う。真心が大切だ。老人たちの若い時は、みんなどんなであったろうか。廊下でにこにこしているおばあさんの顔。おむつをマットと言う呼び方。食事時間の老人たちの嬉しそうな顔。

僕はお年寄りが好きである。不自由な老人たちの姿を見ていると一生懸命生きてきたのだなあと、自然の中の老木を見るときの様な尊い気持ちになった。今回、ホームでの手伝いを通して、お年寄りの歩調に合わせることが大切だということを学んだ。どうか一日一日お元気にお過ごしください。

恵泉女学園高等部の皆さんとの交流

二一七号　一九九二年十二月一日　理事・榛原教会牧師　戸井雄二

毎年夏休みを利用して、東京から恵泉女学園高等部の皆さんが牧ノ原やまばと学園を訪問してくださるのですが、今年はその感想文を私も読ませていただきました。

二十人もの高校生の感想文を一度に読むと、若い人たちの新鮮な感動体験に圧倒されます。感想文の内容は多彩ですが、共通したものもあって興味深く思いました。いちばん強く心にとまったのは、

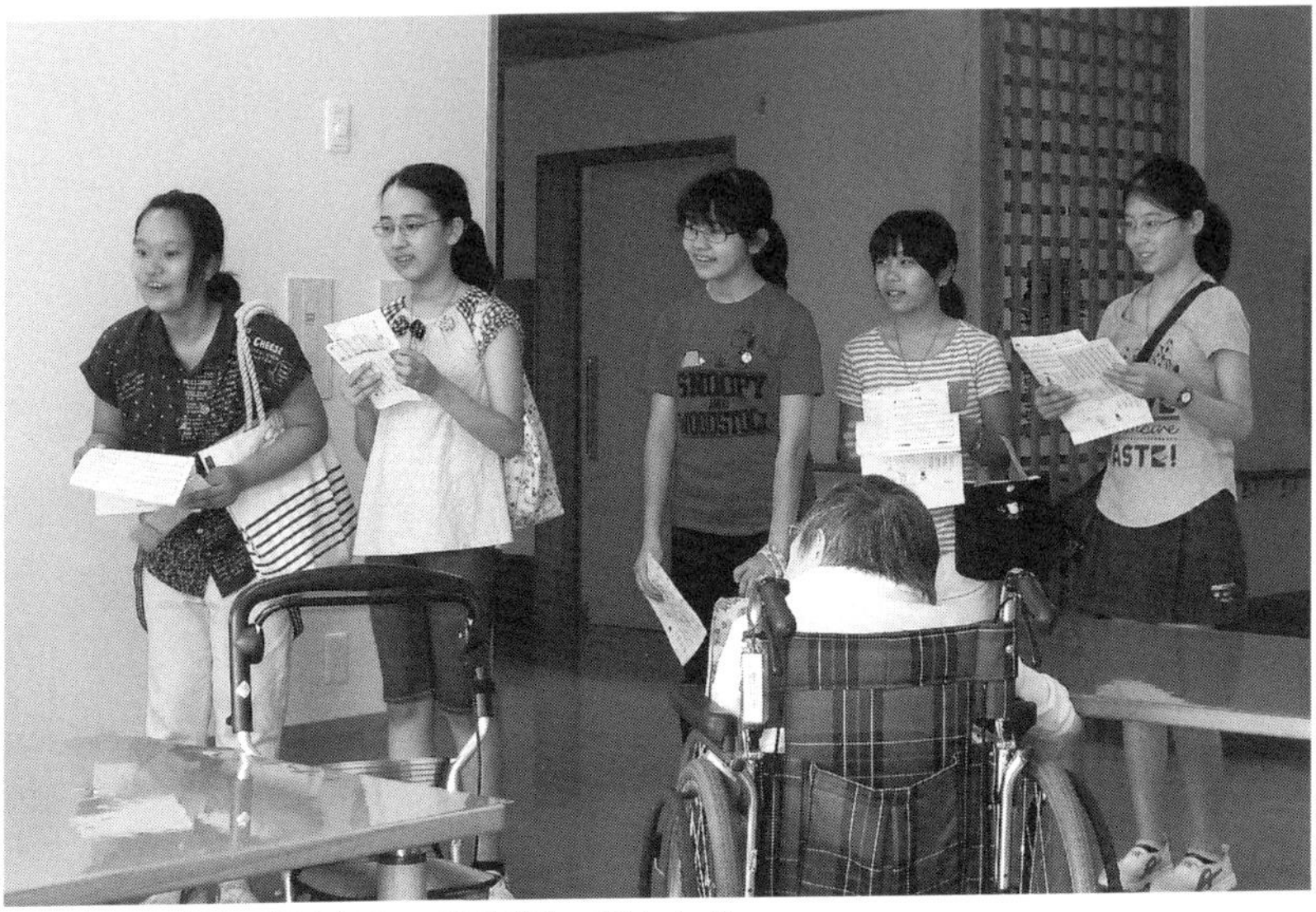

中高生との交流　双方にとって得がたいひととき

彼女たちの多くが「笑顔との出会い」を体験していることです。施設やホームに初めて来て、自分が何をしたらいいのか、入所者とどう接したらいいのかわからずにとまどうのは当然ですが、そういう時に入所者たちの自然な笑顔に出会えてうれしかったと言うのです。一部分ですが、直接その文章から引用させていただきます。

「初日は成人寮を訪問しました。私たちは散歩と掃除と水遊びの三つに分かれ、私は散歩に行きました。職員の人から『手をつないでください』と言われた時は、正直言って『どうしよう、私にできるかな』と不安でした。

他の人は平気な顔で成人寮の人に話しかけ、手をつないでいるのに……と思いました。ところが一人の男の人が私に手をつないできて、笑いかけてくれて、『よろしくね』と言ってくれました。その一言で私の不安も消えていきました。」（一年生）

同様の体験を別の生徒はこう書いています。

「……いったい何をすれば奉仕というものになるのか、などと、『奉仕』という言葉に私はこだわっていました。しかし、ふれあっていくうちに、そんな言葉にこだわる必要のないことを知りました。ただ自然に、ごく普通に一緒に散歩に行ったり、お話したりすればそれでいいということに気づきました。成人寮の人々も、やまばと学園の人々も、言葉を持つ人は少なかったけど、私一人で一方的に話をしている感覚は全くありませんでした。返事はないけれど、聞いていてくれるんだと感じ、うれしかったです。」（一年生）

このように、言葉の障がいをもった人たちと言葉を越えた交流を持てたことは、すばらしいと思います。三日間という短い間に、同じような体験をした人は多く、私は若い高校生の皆さんに敬意を覚えずにはいられませんでした。

偏見を恥じる

三六八号　二〇〇五年九月一日　野ばらで実習した静岡英和女学院高校の感想から

私は知的障がい者の施設に行くのは初めてで、障がい者の方とふれあったこともなくて、自分の勝手なイメージで「怖い」「気持ち悪い」と思っていました。しかし、ケアセンター野ばらを訪ねてみると、まずみんなの元気なことに驚きました。一緒に散歩に行くことになってとまどっていたら、向こうから手を差し出してくれて、一緒に行こうと誘ってくれて、うれしかったです。みんな、私なんかよりもずっとしっかり自分の意志を持っていて、それをちゃんとスタッフの方に伝えていて、スタッフの方もそれを理解していて、怖いというイメージを持っていた自分が恥ずかしく、情けなく思えました。そして、何よりも、みんな素直で、自分から積極的に動いていたり、私が見習わなければならないところがたくさんありました。最後には、もっと交流したかった、もっと自分から話しかければよかったと思うほどになっていました。

施設訪問で得たもの

五三八号　二〇二一年二月　藤枝市立藤枝中学校三年生

「夏休みに、身体障がい者の施設に行って勉強しないか。どうだ？　もちろん自由参加だ。希望者はいないか？　そこの障がい者の人たちとね、一緒に散歩をするんだ」

担任の先生は、そう私たちに訴えました。施設訪問は、私にとって初めてのことだったので、行ってみたい気持ちもわきました。

「行ってみない？」と、私が友達を誘うより先に、逆に私のほうが誘われて、八月二十八日、牧ノ原の「やまばと学園」へ行くことになりました。

その日は、朝から三十度近い暑さでしたが、三年五組のうち、十二人がK先生に引率されて出発しました。「やまばと学園」までの十四キロの道を、私たちは、弁当を持ち、サイクリングにでも行く気分で、しかも緊張しながら走って行きました。

まずい所へきちゃたなあ……。正直な、最初の感想です。「やまばと学園」は、自分が抱いていたイメージとは大違いだったのです。よだれをたらし、手を口の中へつっこんで、ウーウーとうなりながら廊下を歩いている小さな男の子がいます。

私たちを待っていたように散歩が始まりました。私は彼の手を引いて、五キロの散歩にふみ出しました。

サイクリングなんて、とんでもない……。今日は、失敗したなあ。それに、ちょっと気持ち悪いなあ。そうも思いました。

ちらっと彼の顔を見ると、彼は表情をくずして私を見つめ、よだれをたらしているのです。私と手つないでいる手も、よだれでべちょべちょでした。体じゅうがぞくぞくっとしてきて、もう顔も見ずに黙って列に従って歩いていくだけでした。「早く帰りたい、気持ち悪い」。そんな思いが頭の中を駆け巡ります。

しばらくして、ふっと気づくと、私の前を歩いている男子が、学園の生徒にさかんに話しかけていました。

「僕は藤枝中学校の三年五組の者ですけど。ねェ、聞いてくれていますか？」

ペアを組んでいるのは、女の人でした。彼女は手もつながず、すたすたと男子を無視して歩いているのです。そんな彼女へ必死に話しかけていたのです。

「どうしたの？」

私が声をかけると、

「いいなあ、あんたら。手、つなげて。こっちゃあ、何を言っても聞いてくれねえんだもん。」

そう言って、また彼女に熱心に話しかけているのです。そうだ、私は何かを見つけるために来たんだ。もう、手だってよだれでぬれているから、こわいものなんかないぞ！　そう開き直って、私はペアの人の顔をのぞきこみました。すると、笑ってくれたのです。この人にとっては、この笑いこそ最大のあいさつなんだ。そう思いました。

言葉を話せない人が、笑ってくれたのです。顔に表してくれたのです。もしかしたら、今までずっと私の顔を見て、彼は精いっぱいの笑顔を送ってくれていたのかもしれません。ところが、私はただ気持ちが悪いとしか思えなかったのです。私と彼が歩いている横を、恋人同士のようにぴったりと肩を組み寄り添って歩いていく同じクラスの男子があります。

「すごーい！」

思わず叫んでしまいました。そして、私自身をとても恥ずかしいと思いました。自分が醜く感じました。肩を組んで得意そうに歩いていく二人を見て、私もそっと肩に手を置いてみました。すると後ろから、施設の先生が、

「いいねえ、オレ君。」

と、声をかけてくれました。

「オレ君って、言うんですか。」

「そう。この子、自分のことをオレ君って言うのね！」

そう教えてくれた施設の先生の顔は、とても自然で穏やかだったのです。

「オレーッ。」

と、突然オレ君が叫びました。……本当だ。私も一緒に、

「ん？　オレーッ。」

と叫びました。

なぜか、とてもうれしくなってしまいました。初め、オレ君を気持ち悪いと思っていた自分が、いつのまにか、こうして一緒に肩を組んで歩いている。そして、そのことをとても幸せなことに感じはじめている私になっていました。

＊この感想文は静岡県中学校道徳副読本「心ゆたかに」（一九九三年発行）に掲載されていたものを機関紙に転載したものです。

若い研修生たちの経験

ともに支え合う世界

六四号　一九七九年十月一日　東京神学大学生　田中文宏

二週間余りの実習を終えた日の夜、宿舎に向かう車の中で、成人寮の職員の方から大変心に残るお話を伺いました。「この頃は他の人をおしのけてでも我先にいこうとします。車を運転する人もスピードを出しすぎたり、無理な追いこしをします。これは、交通事故の重大な原因です。省エネルギー時代でもあるので、運転手はもっと減速し、十分な車間距離をとって安全運転することが肝心です」。

その夜、私は不思議な夢をみました。やまばとの園児や寮生たちが運転手になり、目的地を目指してどんどん出発していく夢です。私は驚いて、急いで彼らの後を追いました。途中で事故を起こし、目的地に着くことはおろか生命の安全さえ危ぶまれたからです。ところが、彼らの車が混雑した道路に入ってゆくと大変不思議な事が起こったのです。あれほどスピードを出していた車は減速し、無理な追いこしもなくなりました。運転手たちが十分な車間距離をとり、安全運転を始めたのです。ひっきりなしになっていた救急車のサイレンも消え、交通事故は全くなくなり、園児や寮生の車は無事目的地へ着くことができました。

夢からさめた私は、園児や寮生のひとりひとりの顔を思い浮かべながら、この夢の解きあかしを考えました。その時、ひらめいたのが「ともに生きる」という言葉でした。この言葉は、実習を通して私の心を強くとらえた言葉でもありました。

学園には特別に偉い人はいません。職員も園児も寮生も互いに重荷を負い合い仕えあっています。園児や寮生は、日常生活の中で指導員や保母の方々の助けを必要とする場合も多くあります。しかし、それ以上に、神様から賜わった生命をひたむきに生きて行こうとしています。短い実習でしたが、このひたむきな生命力に触れ、新たな希望に満たされ助けられたことなどを深く感謝しています。

現代の交通事情では、先程の私の夢も夢にしか過ぎません。しかし、私たちの心の交通規則を「ともに生きる」ことにかえてゆくことにより実現の希望が与えられます。交通事故の痛ましい現実を思う時、この夢が一日も早く実現されることを祈らざるをえません。

知的障がい者の重度・中度・軽度って一体何だろう

三五〇号　二〇〇四年一月一日　千葉明徳短期大学　髙橋佐知子

今でもどきどきしている。こんな充実した気持ちは、今まで味わったことがない。二週間の実習。自分の街から離れ、頼れるものは何も無いところ。この真っ白い所で私はどんな色をつけていけるだろう。期待よりも不安が多かった初日。私の心はとても暗い色になってしまった。もしかして、二週間耐えられないかもしれない。そんな気持ちが胸を突き刺す。

実習ノートを見て、不安な気持ちを受け止めて下さった職員の方々。私に数え切れない程の素敵な笑顔をくれ、たくさんのことを教えてくれた寮生さん。こんなにも生き生きしている人たちは、見たことがなかった。

知的障がい者、重度・中度・軽度って一体何だろう。基準は誰が決めたのだろう。何が劣るのだろう。こんなにもきれいな心をもっているのに。私たちよりはるかに沢山のことを感じ、当たり前のことをそう受け止めず、そこからたくさんの発見をし、人の心を理解しているこの人たちに、一方では冷たい視線を送る人たちがいる。わかってほしい。この人たちと私たちとは何も変わらないことを。身体で心で感じてほしい。この美しい人たちの心を。

私も、何も知らずに過ごしてしまったら、何も感じないまま、何の成長もないまま、ただその場で背伸びをしてみたり、背中を丸めるだけだっただろう。人は生きているうちに、沢山のことを体験し、沢山のことを感じるべきだ。そうして大きくなっていくのだ。

人は弱いものかも知れないけれど、人と人が手を取り合って歩んでいけば、とっても強いものになる。自分を認め、相手を思いやる気持ちがとても大切なんだと思った。当たり前だと思っていたのをそんな風に簡単に見過ごさないように、当たり前に過ぎていく日々も大切なものになるように。

こう思えるようになったのも、やまばとのみんなのお陰だ。自分の居場所を見つけることもできた。私にとって、この二週間は、人生の中で最も大きなもので、たくさんのことを教えてくれた日々でもあった。一人では作れない思い出ばかりだ。本当にありがとう。

ハンディを持った人が私の先生

四〇六号　二〇〇九年二月一日　三輪ステファニー優子

二〇〇八年七月十七日、私が、牧ノ原やまばと学園本部に初めて足を踏み入れたとき、ハンディのある男性が、いそいそと私の荷物を運んでくれて、その隣の女性は太陽のような笑顔で、私を迎えてくれました。それは、素晴らしい歓迎でした。

翌日からは、今度は私が支援する側で、やまばと希望寮の人々とともにすごす日々が始まりました。四ヶ月の希望寮での実習を終え、現在私は、やまばと成人寮で過ごしていますが、希望寮でも、かつてないほど多くのことを学びました。

私の先生は、やまばとで暮らしているハンディを持った人々です。日常生活の些細に思えることも、大切に心にとめることを彼らから教わりました。みんな、周囲の様子に敏感で、自然を楽しみ、周りの人々を優しく受け止めています。もっと注意してまわりを見て、耳をすませ、香りを感じ、周囲に対して忍耐強くあれと、教えてくれている気がします。私がたどたどしい日本語で話しても、みなさん、本当に忍耐強く接してくれました。

今年迎えた「やまばと成人寮でのクリスマス」は、私にとっては、三つの親しいもの、愛する家族から、愛する友達から、愛する母国ドイツからから切り離されたクリスマスとなりました。遠く離れて祝う、初めてのクリスマスだったのです。しかし、私は、この日、初めて、クリスマスの真の意味を、心に深く実感しました。やまばとで暮らす人々から、とても印象的な、本当に美しい笑顔をたくさんいただいたからです。それは、私がこれまでに受け取った物質的な贈り物にはるかに勝る、とてもとても大きな贈り物でした。

笑顔が、訪れた人の心を和ませる

このような貴重な学びと体験の機会を与えて下さった関係者の皆様に心から感謝します。特に、日本語をあまり理解できず、うまく話せもしない「もう一人の障がい者」に、いつも親切に、忍耐強く接してくださるスタッフの皆さんに、心から「ありがとう」を言いたいと思います。

残り六ヶ月となりましたが、きっと私は、やまばとの仲間の一人として、さらに興味深い、楽しくて面白い、素敵な生活を味わうことと信じています。

第七章

家族の思い

私たちが地上の生涯を終える時、娘は何歳になっているだろうか。誰が一緒に生きてくれるだろうか。年をとってからどうなるのか。しかし、私たちは人間の善意を信じてまかせよう。

やまばと学園の誰よりも重い人の家族として

長沢姉弟（みぎは、巌）と、母の多美

長沢は一九八三年脳腫瘍の手術の不成功から、結果的には、牧ノ原やまばと学園の誰よりも重い障がい者になりました。

当時、やまばとにはいろいろな問題が起きていました。そのことを踏まえて、長沢は手術の前に、「考えるべきことは多いが、いちばん重要なことは、自分が無になること」といった文章を、機関紙に載せていたのですが、奇しくも、手術後、全面的に神様に委ねる状況になりました。

手術後は、教会関係者の皆さんをはじめ、たくさんの方々に支えていただきました。いろいろな方がお見舞いに来てくださり、クリスマスには必ず合唱隊の訪問があり、二十四年の間、人との交わりが途絶えることがありませんでした。

ある方に「長沢君はいいなあ。お母さんや奥さんに囲まれて。僕は、妻を亡くし、息子は海外で、今は独りぼっちだ」と言われたことがありますが、人々に温かく受け入れられることは、何にも勝る幸いだと思います。

何にもできなくなった長沢でしたが、そういう意味では幸せな人生だったと思います。そして、自分が受けた温かい交わりを、他の障がいのある方たちも受けることができるよう、長沢は願っていることと思います。

家族の思い

家族だけでは担いきれない

二八五号　一九九八年八月一日　理事長　長沢道子

最近は、通所施設やショートステイなど、いろいろな福祉サービスが整備され、障がい者や高齢者をとりまく環境はずっと改善され、変わってきました。しかし、ここに提示する二つの課題は、今もこれからも、ずっと、変わることのない課題だと思います。

ひとつは、心身に重い障がいをもつ人々は、一つの家族だけでは担いきれない重荷だということ。これは、近年、高齢者に関する問題にもなってきました。「便をこねる、時間かまわず飛び出す、」云々」といったことは、認知症の高齢者を抱える家族の悩みでもあるからです。また、子どもの数が減る中で、高齢者が増えれば、どうしても社会全体でこれを支えなければなりません。これからの日本は、家族の絆を越えて、ますます、社会全体で支え合い、お互いに助け合っていかねばならないということでしょう。

もうひとつは、親たちは自分の亡き後のことを案じ、障がいを負った子どもとともに歩んでくれる人を切望しているということです。社会のあちこちで、いろいろな形で、高齢者や障がい者とともに歩む人々がもっともっと数多く出てきますよう願ってやみません。

佳世子

五二号　一九七七年九月一日　小田毅次

夏休みが終わり、娘は学園に帰っていった。家族あげての娘との〝戦争〟も終わり、疲れがどっとふき出すようでホッとする。とどこおっていた仕事がとたんに気になりだす。

娘は学園の中でも一番行動的な十四歳の重度心身障がい児である。生後一年半たったころ四十度の発熱が二十日間ばかり続いた。遠洋漁業の船員だった私は、一年ぶりに入港した港で「意識が無い」という知らせを受け、取るものもとりあえず、病院にかけつけたのが昨日のことのようだ。

障がい児の親が誰でもするように、あちこちの病院を訪ね歩いた。どこへ連れて行っても、検査のくりかえし。「この子はもう完全には治らない」という医師の言葉が私たちの心に突きささった。「ほんのわずかな希みでもあるならば、手術でなんとかなりませんか」と涙ながらにお願いしたことも再三だった。妻にこの子をたのみ、生活のために出港する時の港の灯は、しばしば涙ににじんだものだ。

成長するにつれて動きは激しくなっていく。便をこねる。砂でも何でも口に入れてしまう。時間かまわず家から飛び出す。食事をする時は椅子にしばっておかねばならず、ねむる時は母親の手と紐で結んでやすまねばならない。

親にとって、子どもは限りなく愛しい。我が身にかえてもと思う。だからこそ、なかなか客観的には冷静には考えられない。施設に入れたらという民生児童委員のことばも、手をつなぐ親の会の方々の助言も、初めはかたくなに拒むだけだった。いつか同年の子どもたちといっしょになれる。してみせると念じ続けたものだ。

しかし、小学校入学の年齢に達したとき、はっきりと感じた。何時まで待ってもほかの子どものように成長するのは無理なのだ。では、家庭に置くことが最善なのか。これまでの経過から、家庭という単位で負える重荷ではない。ならば、この子なりに療育の受けられるところはないだろうか。

やまばと学園ができたのはそんな時だった。以来七年余、先生方の熱い心のこもったふれあいによって、スピードや過程はちがっても、その可能性を力いっぱい伸ばしていただいた。近くにこの施設があって本当に良かった、としみじみ感じる。

中学三年生の年齢の娘の将来を想うと、不安はいっぱいある。私たちが地上の生涯を終える時、娘は何歳になっているだろうか。誰が一緒に生きてくれるだろうか。年をとってからどうなるのか。しかし、私たちは人間の善意を信じてまかせようと思う。

明るい娘に

五三号　一九七七年十一月一日　川口トシ子

二十二歳になる珠枝は、やまばと成人寮の中でも一番重症ですが、人が大好きで性格のにぎやかさも一番です。家族の参加する誕生会など、特にご機嫌で、集った皆さんへの挨拶や笑い声は広いホール一杯に響き渡り、親の私はいつも辟易させられます。街に散歩に出ますと、お店の方や道で出会う人たちにも「アッこんにちは」と挨拶し、知らない相手をびっくりさせます。

娘が幼かった頃は、重い障がいのある子を受けいれてくれる学校も指導者も無く、親が手さぐりで育てる他ありませんでした。一～二歳にかけて知恵の遅れが決定的となり、堪え難い程の苦しみの日々を過ごしていた中で、知恵は遅れていても、明るい人間らしい人に育てたい、障がいをこれ以上重くしてはならないという思いを抱き続けてきました。それには家に閉じこもることなく、人の中に出て、社会の風に当てなくては。歩くことは体や脳の刺激になるのでは、と毎日子供の手を引いて町へ公園へと出かけました。

大きくなるに従い、エチケットもお行儀も全くおかまいなしの娘を毎日外に連れ出すことが重荷となり、これではいけない、何とかしなければと毎日心ばかりあせりました。こんな頃、機関紙「やまばと」に出会い、念願かなって寮生に迎えていただく事ができました。

長い間ずっしりと覆い被さっていたものが、一枚一枚はがされてゆく思いでした。しかし発作のため、いまだに身辺処理の自立さえおぼつかない娘を預かっていただくうしろめたさは、いつも私の頭の隅でうずきます。家庭にいた時は精一杯守り育ててきたつもりが、実は不憫さが先に立って甘やかしていたことに気づきました。しかし、週末に帰省させて家族水入らずで過ごす時、私はやっぱり甘い甘いおろかな母親となってしまうのです。

過去の想い

五五号　一九七八年三月一日　服部忠夫

やまばとにお世話になって早五年、二十三歳の春を迎えた娘。「本来なら」と思う、障害者をもつ親の気持ちは誰も同じでしょう。私もその一人です。

過日こんな便りが来ました。「お父さん、お母さん、やまばとまつりにきてください、いちごがりに行きます、のどじまんをやります、かならずきてください、げんきです、まっています、さようなら」おぼつかなくても気持ちを素直に一生懸命書いています。やまばと学園の行事、和恵の様子など、一通りは理解出来ます。

私は仕事の関係で、和恵が小学校のころ家には週に一泊程度で帰宅。家では、和恵が眠くならない内に毎晩三十分ずつ教えようと、夕食の後片付も後回しにして、妻は、どんな疲れた日でも、平仮名の練習に一生懸命でした。この姿を見て、人並みの子どもならと何度も考えさせられました。今思えば、間違った教え方をして和恵を苦しませたと思う事も数多くあります。言葉の意味は解らなくとも、和恵なりに、親の音声に含まれる心配や苦労を敏感に受け取りながら、鉛筆をにぎりしめていたのだろうに。叱らないでもよいのに、自分の気持ちのイライラのために和恵を怒ったり、それを反省したり。普通の子供ならお菓子を買いながら覚えるであろう五円十円の数え方が覚えられない娘に、涙を流してくやしがったものです。間違った教え方であったかもしれませんが、少しでも字が読める、平

創設期の子どもたち

仮名が書けることは、人の前ではもちろん、家族ともあまり話したがらない和恵にとってはよかったと思います。

そんな娘を連れて一歩外に出ると、周りの目を異常なほど感じます。変な格好。猿みたい。聞こえなければいいのに、つい聞こえてしまう。私たち親子を追いこし、ひそひそ話しながら振り返る母子。周囲の目は絶えず重圧となってのしかかってきます。私たち親子に無関心で通りすぎる人がいると、初めて人並になった感じがするのです。和恵と一緒に大手を振って町を歩ける、そんな世の中はくるだろうか。どんどん外に連れて出ない親にも責任があるといえばその通りですが、施設にいようと家庭にいようと、生涯この子のことを忘れることのできない家族の気持ちも察してほしいものです。

私たちが生きている間は、何とかこの子のことを考えてやれます。一番心配しているのは、私たちが死んだ後。一体だれとどんな毎日をすごすようになるのか。そう思うと眠れない夜もあるのです。どんなに福祉が進んでも。

我が子を見つめて

五七号　一九七八年七月一日　島津政光

毎朝街角で出会う通学児の姿、この子たちの中に我が子の姿も見えないだろうかと、ふと錯覚に陥ることがある。本当ならば小学校五年生でおてんば盛りであろうに、残念ながら重度心身障がいの重荷を負い、やまばと学園にお世話になっている。生後二〜三日たったころ黄疸、チアノーゼ、発作が出てお乳も飲めなく小児科へ回された。検査の結果頭がい内出血の疑いがあるとのことで何が原因かわからないまま約一カ月が過ぎた。

やっと退院が許され帰宅した時は、普通の子と変わらず泣きもし、笑いもした。が、喜びもつかの間、容態の急変した我が子を抱えて再び病院へ飛んだ。二度目の退院が許された時は、生ける屍とでもいおうか、ただただ眠り続けるだけで、瞬時目を開けてもうつろで、泣くことさえできず、ほ乳びんを吸う力も失った障がい児となってしまったのである。

その後も暫く入退院を繰り返した。障がい児を持つ親が誰でもするように、わらをもつかむ思いで、あちこちの病院を訪ね歩いたが、何処でもかえってくる答えは同じであった。我が子は一生治ることのない重度心身障がい児であることを知ったのである。

この時の気持ちはどうだったろうか、将来のことを考えると悪夢の連続でしかなかった。この状態が続けば家庭が崩壊してしまう、しっかりしなければと妻と互いに励まし合ったのが、昨日のことのように思い出される。決して少しの望みも捨ててはいけない。どんなに智恵は遅れていてもいい。障がい児でもかまわない。親にとって子どもはかけがえのない宝物であり、限りなく可愛いものである。我が身と変わることができたらと幾度となく涙を流しながら語ったこともあった。

その後一日保育に参加させていただき、家庭とは違った雰囲気を知らされた。何一つしてやることすら知らない親だけに、家庭に置くことが、この子にとって幸せだろうかと迷ったものであった。やまばと学園を知ったのも、そのころであった。以来四年余りが過ぎた。本当にやまばと学園にお世話になってよかったと思っている。

多くの先生方の温かい心の触れ合いと指導によって、我が子の能力と可能性を十分に伸ばしていただいたと思う。親にも負えない重荷を、この学園にぶつけたうしろめたさは感じているものの、家ではこんな成長はしなかったと、しみじみありがたい。

我が子の将来を想う時不安でたまらない。親がこの世を去ったあと、我が子はどのように生きていてくれるだろうかと考えると、眠られぬ夜もある。

やまばと学園に寄せられる、多くの人たちの善意の燈火が、いつまでも点しつづけられることを祈らずにはいられません。

やまばと成人寮調理員としての日々

一一六号　一九八四年七月一日　やまばと成人寮調理員　岡本剛子

重い障がいを背おって生きなければならなくなった長男を、泣きの涙でやまばと学園に送り出してから十四年。時々面会に行って会うたびに、言いたいことがあっても、それを訴えることが出来ない小さな姿が、不憫でたまりませんでした。その後、見えない糸にひかれるように、家族でやまばとに移り住み、幸いにも私は調理の方で働かせていただくことになりました。それからの毎日は、どうしたらおいしく、少しでも喜んでもらえるかと、ただ一生懸命だったと思います。

何かあるたびに喜んだり悲しんだり、ただ目先だけの小さなものしか見えないおろかな母親の心をよそに、やまばとの子どもたちはどんどん成長し、今年は息子も何人かの仲間と共に成人式を迎えました。美しく着飾ったお姉さんたちにまじって、やまばとの新成人もたくましくキラキラと光って見えたものです。これからの長い道のりも健康で楽しいものであってほしいと願わずにはいられません。

園児や寮生の健康面で欠くことのできない食事。何と言っても、この人たちにとって食べることが一番の楽しみなのですから、いい加減には出来ないのです。集団のものを作る難しさもあって、考えなければならないこともたくさんあります。

少し前に調理員のメンバーが大幅に変わったこともあって、食べる人の様子がわからないのでは食事作りは出来ないと、昨年あたりから朝食を調理の人も園・寮で食べることになりました。自分のこ

食事のひとときはみんなの楽しみ

とを知っているきびしい先生ではなく、何もわからないやさしい！　カモ！　が入って来たというわけで、初めは腕をつねられたり、たたかれたり、まごまごしていれば、おかずを取られてしまったり、さんざんな目にあったのですが、この頃はだいぶ慣れて、子どもたちや寮生と楽しくお話をしながら食べることができます。

今のところ朝のほんのわずかなひとときだけですが園・寮の職員と食事について話したり園児・寮生の様子を聞くこともあり、ハプニングがあったといっては大さわぎになり、朝の調理室もなかなかにぎやかです。また、今年の冬はことのほか寒さが厳しかったので、調理したそばから冷めてしまい、気を使いました。温かいものを温かく、冷たいものは冷やして食べるという、家庭ではごく当たり前のことが出来にくいのも現状ではしかたありません。長い人生のほとんどをここで過ごす園児や寮生にして見れば、むしろどんなにすばらしいご馳走を作るよりも心を配って上げなければならないことでしょう。

これからも楽しくおいしい食事作りを勉強していきたいと思います。私は何の取りえのない者ですが、子どもたちや寮生の明るい笑い声に励まされて元気でのんびりとやっていけたらと思っています。

弟と私

一八八号　一九九〇年七月一日　やまばと学園生　松浦傑の姉

昭和四十七年四月二十八日、私と二つ違いの弟が生まれました。弟は未熟児で体重がたったの二千五百グラムでした。出産予定の二か月も早い誕生でした。生まれてから四十日間保育器に入っていました。それでも無事退院できました。

一歳半の頃一語文を話すようになりました。お父さんのことを「とータン」お母さんのことを「かータン」などと言うようになりました。私のことを「ねータン」とも言ってくれました。あやすと、とても楽しそうに笑い、私もその表情が可愛くて一緒にふざけあったりもしました。何年も前のことになりますが、私の頭の中にしっかりとその記憶があります。ある日突然、弟が大きな声を出しました。発作でした。その時から弟の言葉の発達は止まってしまいました。表情も以前のように豊かではなくなってしまいました。

私が高校生だったある日、弟が突然、私の左の手首に噛みつきました。右手で左手首を押さえ、恐る恐る右手をとると血がにじみ、歯の形が残っていました。悔しさが込み上げてきました。私は泣きながら弟を叩きました。母が「もう、よしなさい」とすごい勢いで止めに入りました。今度は母にやつ当たりしました。泣きながら、私は「こんな弟、もうイヤ！」とまで言ってしまいました。すると母の表情が今まで見たこともないような表情になりました。私は自分の部屋へ急いで行きました。あんなこと言わなければよかったと後悔しました。今も残っている左の手首の跡を見ると、その時のことが思い出されます。

これも私が高校生の時のことです。父、母、私、弟の四人で初詣に行きました。駐車場に車を置き、神社まで歩きました。弟は大きな声で喃語《なんご》を言うので、すれ違う人たちが振り返って弟を見ました。私はそんな様子がとても嫌でした。私が母に「みんながこっちを見て行くね」と言うと、父は弟の手を引っぱって、私と母の何メートルか先を歩き始めました。父の心配りに胸がいっぱいになりました。母は「どうせ、みんな知らない人だから平気だよ」と言いました。私はそのような両親を大変尊敬しました。

私以上に寂しくつらかったのは、両親や祖父母だったのかもしれません。弟のいない我が家で、甘やかされてきた私でした。

弟は現在やまばと学園にお世話になっております。弟なりに一日一日成長していることと思います。今まで、弟のことでつらいことや悲しいことがいろいろありましたが、逆に教えられたこともありました。私が保母さんになりたいという意思を持つようになったのも、弟の影響が強いと思います。幼い頃から憧れている自分の理想の先生になれたらいいなと考えています。

障がいのある妹と母の死と

一九三号　一九九〇年十二月一日　横田　博

早いもので、母が亡くなってからもう一年が経ちました。退院したばかりで体調も十分でなかったとはいえ、あっけない位の最期で本当に悔やまれます。母の死で和子も落ち込んでしまうのではないかと心配しましたが、かえって依頼心も薄らぎ、返事やしぐさもはきはきしてきました。この歳になって初めて親離れしたかと思うと、いじらしくも思えてきます。

私たち夫婦は、共働きと子育てに追われて、妹のことは母に任せっきりできました。和子がもしずっと家にいれば、閉鎖的で甘えやわがままだけの生活だったと思います。しかし、幸いにしてやまばと成人寮で、先生方の一方ならぬご指導お世話を受け、計り知れない位の自立心や社会性を身につけ得たことを、本当にありがたく思っております。成人寮では洗濯の整理など、信じられない位に行動しているとのこと。施設の中での生活の重要性が痛感されます。

母親という存在が無くなってから、お恥ずかしいことですが、妹の存在が間近に感じられるようになりました。和子も帰宅時の態度から同じように感じているようで、いじらしく思えます。

私どもも、やがて定年退職を迎えますが、健康に留意して、和子の今後を温かく見守っていきたいと思います。そして、こうした公的施設・活動の拡充発展に少しでもお役に立てばと思っております。

兄弟のきずな

一九六号　一九九一年三月一日　星野保子

成人式を迎えた息子は八月十三日焼津荒祭りの昼頃に生まれた。長男は安産だったので、次は女の子が欲しいと、生まれるのを楽しみにしていた。出産の二日前から陣痛が始まり病院へ。しかし、痛みは遠のき、陣痛促進剤の注射をくり返して、鉗子分娩でようやく出産。元気な産声はなく、お尻を何回かたたかれてやっと力のない小さな声をあげた。ミルクを吸う力も弱く、とても時間がかかり、黄疸も強かった。

三ヶ月目に「くる病」と診断される。日光の貧しい北国の病気だと思っていた私は心の中で「まさか」と叫ぶ。しかし、何かがおかしい。目に輝きが無く、首のすわりも遅かった。その頃からよい治療法を求めてあちこちの病院をめぐった。結果は絶望的な知的障がい。「この子さえまともなら」と心の中でくり返していた日々、息子の身になって考えると、なんと情けない親だったのだろう。

焼津中央幼稚園で三年間、多動で手に負えない息子を、園長室でいつもにこにこと手をさしのべて下さった斉藤園長先生、中学への送り迎えを手助けして下さった松風さんなど、数え切れない方々に支えられた。

やまばと学園入園の朝、大学生の兄、父と母、宣明と家族四人で出かけた。何も理解できない息子は大好きな踏切を通ってはしゃいでいた。今までひとときも目が離せないで心身の休まることの無かった日々のことを忘れ、「私はこれで親としての義務を放棄してしまってよいのだろうか」と申し訳ない気持ちで胸がいっぱいだった。

入園して暫くは、週末の帰宅後学園に送って行くと、とても淋しそうな顔をしていたが、今では帰園する時間になるとそわそわと荷物をまとめ、学園に着くなりすっ飛んで入っていく。その成長が嬉しくもあり、淋しくもある。

兄が「冬休みに弟と二人だけで旅行する」と言い出して、上野から北陸へ、初めて兄弟二人だけの一週間の旅をした。

一日目、佐渡に渡るフェリーの上で「きよしこの夜」「すばる」を歌って旅客を驚かせた。

二日目、宿で大をもらし、叱られると思って浴衣で隠す。

三日目、行き当りばったりで宿を探し、夕食時間を過ぎた民宿に「宿泊だけなら」という条件で泊まる。あとでパンでも食べようと風呂に入って出てく

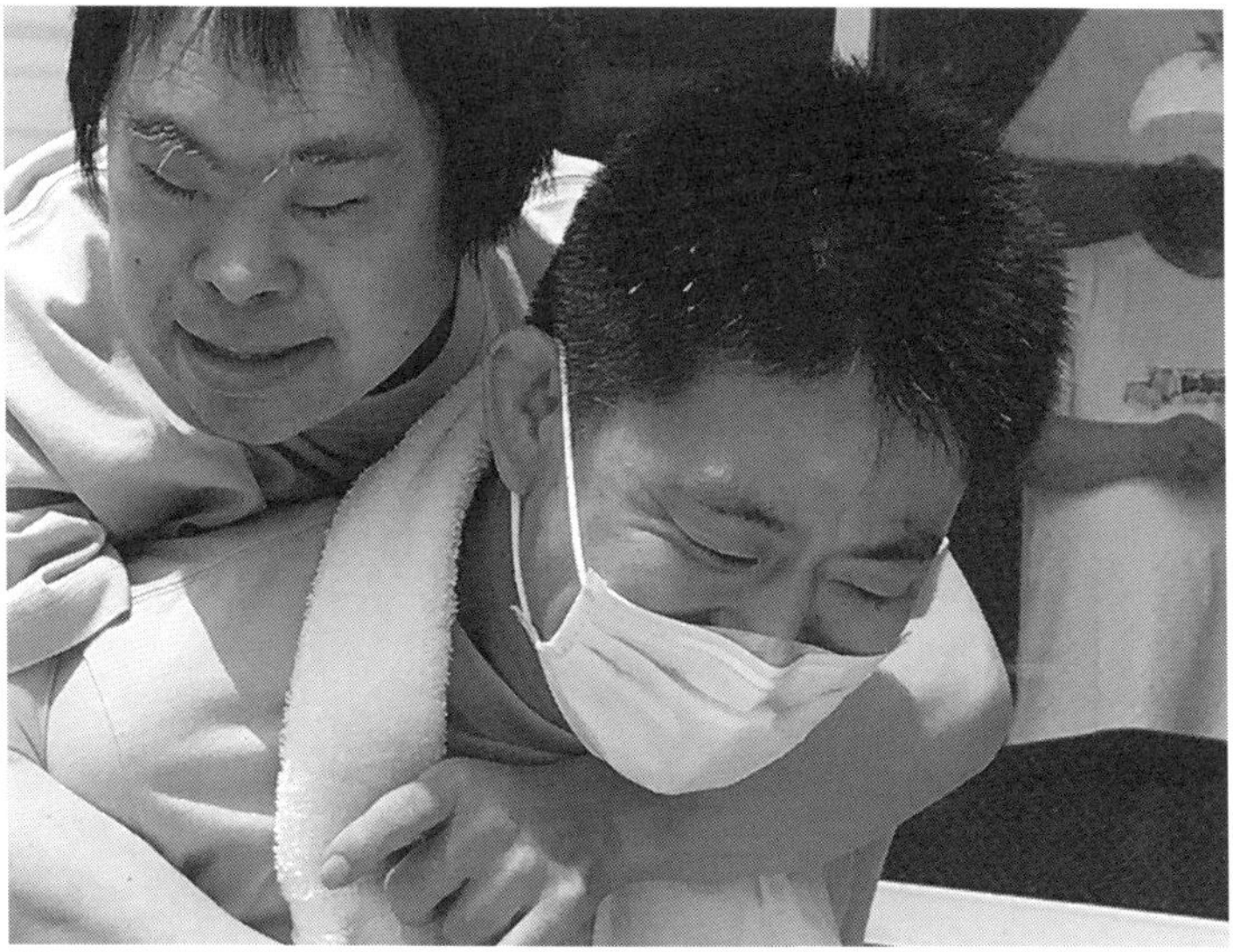

楽しいなぁ。おろさないでね

るとテーブルの上にはなんとおにぎり、鳥のからあげ、天ぷら、おまけにビールが一本並べられ、「夕食の残り物だけどよかったら食べなさい」というおかみさんの温かい心。

四日目、金沢でおみくじを引き、兄は小吉、弟は中吉だった。

五日目、兄がカバンをバスに置き忘れ、タクシーで取りに行く。兄でも失敗することが宣明にはとてもうれしくて、電話で私に告げ口をする。

六日目、安宿で夕食を終えて外出し、居酒屋で酎ハイを薄めて二人の旅を祝って乾林。自分を一人前に扱ってくれる兄が嬉しくて仕方ない。

七日目、弟は駅のホームの売店で兄に買ってもらったおもちゃを、「バックの中に入れておきな」といわれながら手に持っていて紛失。「探してこい」と怒られて三十分程行方不明となる。青くなった兄は「しまった、こんな場所であんなこと言うんじゃなかった」と反省し、階段の下でしょんぼりしている弟を見つけ胸をなでおろした。

帰宅する日、焼津駅から喜々として飛んでおりてくる二人の輝いた顔がとても美しかった。

今年は学園では四名が成人式を迎えた。町文化センターでの成人式、大勢の新成人にまじって、立派に落ちついて長時間の式を終えた。

今想えば苦しかったことも懐かしく、宣明の話題になると家族の心が一つになって笑いあうことができ、それが家族を支える大きなきずなになっている。

恵まれた環境のなかでこんなにも立派に成長し、やまばと学園を第二の故郷とした息子に「自立」

は永久の課題である。しかし、どうしても人の力を借りることなしには生きられないのも事実。明るい家庭的な雰囲気のするやまばと家族の愛に包まれて、これからも素晴しい未来のあることを祈ってやまない。

妹よ！　どうしてお前が

一九三号　一九九〇年十二月一日　池ケ谷　弘

由紀子が成人寮にお世話になって十八年目を迎えました。これまで病気らしい病気もせず、健康で過ごせたことを嬉しく思うとともに、適切な指導と健康管理をしていただいた先生方に深く感謝しております。

この間、両親の他界という大きな出来事がありましたが、おかげさまで成長のあとも見られます。集団生活の中で人見知りしなくなったのか落ち着きが出てきて、他人の持ち物にとびつく行動がなくなりました。また、指の麻痺にも拘らずビーズ玉に糸を通して遊ぶことができるようになりました。寮では散歩好きの由紀子も、帰宅すると、一歩も外へ出ません。庭へ下ろしても、すぐ自分の部屋へ入ってしまいますし、散歩させようとしても車外へ出ません。馴染みのない場所への警戒心は相当なものです。ところが、職員寮近くの茶畑農道では、こちらがついてゆくのが大変なくらいよく歩きます。

人間だれしも一日一日年をとっていきます。由紀子の豊かな髪にも白毛が目立つようになりました。

顔の皴も大分増えました。これからの健康を願望しつつも病気への不安は日毎に高まってゆくとみるべきでしょう。

「なぜ俺の妹だけが不治の病にかかったのだ！」「なぜ妹がこんな苦しみを背負わなければならないのだ！」妹の障がいを知った小学校六年以来の命題です。

核家族の進んだ昨今です。自分の老後も、子どもはあてになりません。まして二重三重の重荷を背負ったこれら寮生たちにどんな未来があるというのでしょうか。ぜひこの人たちのための終末養護施設をつくりたい、つくってほしいと思います。願わくば妹より一日でも長く生きたい、生きなければならないと考えております。

念願のグループホーム入所

三六七号　二〇〇五年八月一日　ホーム入所者家族の感想

息子は、何度説明してもグループホームに入るということが理解できなくて、毎年の「一週間生活実習」のつもりでいる。「あなたは、これからずっとお泊まりなんだよ」と、思い切ってそう答えると、彼はえっという顔をし、なんとも言えない表情で笑った。それは少しさみしげで、「うそでしょう？」という気持ちがにじんでいた。

それを見た途端、不意に涙があふれてきて、あわてて背を向けた。念願のグループホーム。夢のような建物。レースのカーテンに大きくて素敵な木のベッド。息子のためのエレベーターまである。大

創立10周年記念式典の一コマ

勢の仲間から、真っ先に入居できた幸運。それなのに、なぜ涙が出るのだろう。

私の心の中に、冷たい後ろめたさが流れ出している。五十を過ぎ、更年期の様々な症状に悩まされながら、息子の世話は時にお手上げになった。正直、もう楽になりたいと何度も思った。そんな私の心を見通しているかのよう。

ごめんね。決してあなたを見放すわけではないの。週末には帰れるんだよ。そう心の中で言い訳しながら、ただただ無性に涙が流れた。

保護者の切なる願い

四四八号　二〇一二年十二月一日

「ケアセンターさざんか」の保護者の皆様から寄せられた要望書。

「ショートステイを利用させてほしい」、「連泊させてほしい」、「利用日数を増やしてほしい」という要

クリスマス会の演奏風景

望とともに、ご家族お一人一人の訴えが添付されていましたので、ご紹介します。（ご家族の負担を何とかしたいと思いながら、人手不足もあって、なかなかそのニーズに応えられないでいるのが、現在の施設の状況です）

ささんかには大変お世話になり、感謝して毎日を過ごしておりますが、最近親も本人も年齢を増すごとに健康状態も大変になり、今までのように過ごすことが出来なくなる日も近いうちに来ると思います。これから先のことが、大変心配です。ショートステイも一カ月に四〜五日位は最低限とれるようにして頂ければ幸いです。よろしくお願い致します。

親も体力がなくなってきているので、体を休めるために、もう少しショートの利用日数を増やしてもらいたいです。私はほとんど一人で面倒をみているので、気の休まる時がありません。体力面でも不安な時もあり、二～三ヶ月に一回でもいいので、二泊三日とれるようにしてもらいたいです。お願いします。

老人施設が増える一方、なかなか障がい者への配慮は足りないと思う毎日です。保護者の中にも、仕事しながら子どもと暮らしている人もいます。体力的、精神的にも、落ち込むときがあります。そんな時のリフレッシュに、ショートの力はとても必要です。デイサービスにはとても感謝しています。日中はいいのですが、夜もゆっくりと過ごしたい時もあります。また、家族や友との旅行もなかなか困難です。希望寮のショートの現状は、職員の方々も大変だと思いますが、年々条件も悪くなり、親も足腰が痛くなり、デイサービスもきつい時もあります。明日も頑張ろうと思える気力を常に持てるよう利用日の増量をお願いいたします。

不幸にしてこの世に生を受けた時からハンディをもって五十年になろうとしています。この間、親もこの子と共にとがんばってまいりました。この後、幾年一緒にいられるかと数えたとき、少しでも長い間、子どもの傍にいてやりたいと思うのです。無理なく、たまには子どもと離れて、自分の時間を過ごしたい、身体を休めたい。でもあまりにもショートステイが取りにくいので、申し込み自体を取りやめてしまいます。もう少し枠を広げてほしいと思います。

たんじょう日、おめでとう――成人寮開設にあたって

二二四号　一九九三年七月一日　理事　戸井雄二

うまれる前から神さまに
守られてきた友だちの、たんじょう日です
おめでとう。
うまれて今日までみんなから
愛されてきた友だちの、たんじょう日です
おめでとう。

これは教会ではよく歌われる「こどもさんびか八十番」です。今回の成人寮二十周年式典の中で、私はお祝いのあいさつとともにこれを歌いました。施設の創立記念日は個人の誕生日に似ていると思ったからですが、ことにやまばと成人寮の開設（誕生）当時からのことをずっと見てきた者として、心からこの歌を贈りたい気持ちになりました。

今回の記念式典では父母の皆さんも臨席されたので、そういう場で歌うことに私の心の中にためらいがなかったわけではありません。成人寮そのものについては、この歌詞がよくあてはまると思いますが、寮生ひとりひとりについては、この歌詞がそのままあてはまるとは言いにくいでしょう。

ことに父母の方々にとっては、「うまれる前から神さまに守られてきた」と言えるかどうか、大いに疑問であるにちがいありません。割り切れない複雑な気持があることと思います。ちょうどそれは、式の中で読まれた聖書の言葉についても言えることとであるでしょう。

子どもが障がいや病気をもって生まれてきた場合に、両親は周囲の人々の声なき声（あるいは直接の声）をいやというほど聞かされることになります。「この人がこのように生まれついたのは、だれが罪を犯したからですか。本人ですか。その両親ですか」（ヨハネ福音書九章二節）。

何か不幸の原因があるにちがいない、という裁きの視線を痛いほど感じて、親たちは肩身のせまい思いをするだけでなく、「子どもがこうなったのは私のせいだ」と自責の念にうちのめされる場合が多いのではないでしょうか。

そういう体験を多かれ少なかれしているにちがいない父母の皆さんを前にして、このような歌を歌うことは、無邪気すぎたかもしれません。ですが、この賛美歌そのものが子どものような無邪気さと大胆さをもっていると思います。障がいや病気を背負って生まれた子どもであろうとなかろうと、「生まれる前から神さまに守られてきた」尊くかけがえのない人間であると見ているのです。

「生まれる前から」ということは、私たちの常識を超えていますが、似たような言い方は聖書の中のところどころに出ていて、大切な意味をもっています。一例をあげてみます。

「……わたしを母の胎内にあるときから選び分け、恵みによって召し出してくださった神が……」（ガラテヤの信徒への手紙一章十五節）

この手紙を書いているパウロという人は、過去にとり返しのつかないあやまちを神の前に犯した人ですが、その大きな罪をキリストによってゆるされたときに、こう言うことができたのです。「母の胎内にあるときから」というのは「生まれる前から」と同じですが、自分がどれだけのことをしたかしなかったかによらず、ただ神の恵みの意志にもとづいてこの世に生まれてきたのだと、パウロは言っています。

私たちもここに立つ以外に、最終的には自分が生きる根拠をもつことができないのではないでしょうか。人と人とが差別を超えてともに生きる根拠もここにあるのだと思います。

あとがきにかえて

高校生に英語や聖書を教えていた私が、やまばと学園開設のため全力を尽くしている長沢巌と出会い、紆余曲折を経て結婚に至ったことが、福祉の道への転機となりました。長沢を助けなければという気持ちでこの道に入った私を待っていたのは、今まで体験したことのない生活でした。障がいを持つ人たちとの共同生活、介助と食事づくり、昼間は小規模作業所の指導員として、洗濯業務やパン作りなど。ホームでの新婚生活が始まってみると、これはほんとうに大変だと思いました。独身時代の、一人静かに本を読んだり、計画的に時間を使う生活とは無縁の日々。雑用に追われながら、肉体労働に励む日々となったわけです。体が疲れることもあり、静かに過ごせないストレスを感じることもありましたが、誰かに遠慮する必要もなく、精神的にはのびのびした、ある意味で恵まれた生活でした。

当時一緒にくらしていたA子さんは、とても口が達者でした。ある日、作業所で彼女一人だけ寝転がっているところへ視察の人が来て、「A子さん、寝転がってちゃダメ。働かなくっちゃあ」と注意しました。すると、彼女は「はいはい、働きます」と答えた後、「とかなんとか言っちゃって、一向に実行しない現代の人間」と言葉を追加したので大笑いに。朝も、起きてくると、朝御飯のお味噌汁を作っている脇で「神の国と神の義を求めよ。そうすれば味噌汁が与えられる！」と真顔で言ったり。夕食

手をつないでともに歩く

の前にはみんなでお祈りをしていましたが、自分の番になると、「神様、今日もご苦労様でした」と言ったり。毎日追われるような忙しさでしたが、今振り返ると、たのしかったなあと思います。

障がい者施設というと、障がいのある方々を職員が介護しているという印象を受けるようですが、実際にはそうとは限りません。私のホームでの経験もそうですが、彼らは一緒に暮らしやすい、心のきれいな人たちです。障がいをもった人たちは、肩書や外見などで人を差別したりしないので、一般社会で自信を失った方や生きづらさを抱えている人が、障がい者と交わることで、自信を取り戻したり、元気になってくることもあります。人をあるがままに受けいれることの大切さを教わっているのは、私たちの方なのです。

この道に入って以来、さまざまな人と出会い、いろいろな人生があることをつぶさに見聞きしてきました。私自身も夫が重症心身障がい者になるという予期せぬ出来事を体験し、「介護するためにお嫁に来たようなもんだね」と言われたこともあります。しかし、どんな状況の中でも平安な気持ちで明るく受け止めて歩むことができたのは、私とともに歩んでくださるイエス様からの恵みだろうと感謝しています。予期しない出来事、自分の思いとは異なる出来事に直面しても、万事を益にしてくださる神さまを信頼して、前向きに歩めるのは幸せなことです。

人間の社会には、お金を巡るトラブルや、優劣を誇示する争い、不信感の爆発など、人間関係を破壊するものに満ちていますが、少しでも憎しみのある所に愛を、分裂のある所に一致をもたらすものとなることができるよう、遅々とした歩みであっても、イエス様の助けをいただいて歩み続けたいと思います。

牧ノ原やまばと学園五十年の歩みの中には、苦い経験も、また、私自身責任者として反省すべきことも多々ありました。そうした中で私が学んだのは、誰もが不十分なまま、いろいろな欠点も持ったまま、いってみれば、誰も完璧な人間にはなれないまま、それでも一緒に手をつないで歩いていくものなのだ、ということです。職員にも、ご利用者の皆様にも、いろいろな人がいます。それぞれの人のよいところと弱いところを見つけて補いつつ、みんなで手をつないでともに歩いていく。そんな学園であり続けてほしいと願っています。

本記念誌は、「牧ノ原やまばと学園50年誌編纂委員会」という形で外部の方に編集をお願いし、著述業の佐光紀子さん、みんなの大学校学長の引地達也さん、ＮＰＯ法人ホッとスペース中原代表の佐々木炎牧師、そして私の四人で、編纂を進めてまいりました。出版にあたっては、ラグーナ出版社長の川畑善博さんおよび編集の山元由貴奈さんから多大なお力添えをいただきました。また、浅草カトリック教会司祭の晴佐久昌英様には、心に響くあたたかいお言葉を帯に頂戴いたしました。皆様のご尽力に心から感謝するとともに、遅々として進まない作業を天から見守ってくださった神様と、その脇で応援してくれていたであろう初代理事長長沢巌にも感謝の意を表したいと思います。

社会福祉法人　牧ノ原やまばと学園の50年の歩み

1958年４月	長沢巌牧師、静岡県の日本キリスト教団榛原教会に赴任	
1959年６月	静岡県吉田町片岡に農繁期託児所開設	
		1960年４月　精神薄弱者福祉法　施行
1963年11月	マクラクラン宣教師帰国	老人福祉法　施行
1967年２月	榛原町手をつなぐ親の会結成 長沢牧師が会長に就任	
1968年９月	第一回牧ノ原やまばと学園設立準備委員会	
10月	機関紙「やまばと」第一号発行	
1970年４月	やまばと学園開園（定員30名） 責任主体は「（福）聖隷保養園」（1979年３月まで）	
1973年５月	やまばと成人寮開設（定員30名）	
９月	牧ノ原やまばと学園診療所開設	厚生省「療育手帳制度要綱」通知
1974年４月		「日本精神薄弱者福祉連盟」結成
1979年４月		養護学校教育の義務制を実施
５月	社会福祉法人牧ノ原やまばと学園設立	
1981年５月	特別養護老人ホーム聖ルカホーム開設（定員50名）	国際障害者年
11月		障害者インターナショナル（DPI） 第１回世界会議開催（シンガポール）
1983年２月	長沢巌理事長髄膜腫摘出手術後、重度心身障がい者に 深井吉之助が理事長代理となる	
1986年７月	長沢道子第二代理事長就任	
1987年４月	垂穂寮開設（定員40名）	
７月	ジャン・バニエ氏来訪	
		1993年12月　障害者基本法公布
1995年４月	聖ルカホームにてショートステイ介護事業開始（定員10名）	
1997年３月	やまばと学園活動終結	

4月	やまばと希望寮開設（定員30名） ケアセンターさざんか開設（15名）	
9月	ブラザー・アンドリュー来訪	
1999年4月	寮垂穂静岡空港建設予定地となり同市内落合へ移転、定員変更（40名→50名） ケアセンター野ばら（定員19名）併設	知的障害者福祉法（精神薄弱者福祉法改称）施行
2000年4月	デイサービスセンター真菜開設 聖ルカ居宅介護支援事業所開所 相良町手をつなぐ育成会創設のこづつみ寮サポート開始	介護保険制度／成年後見制度／児童虐待防止法の実施
10月	生活支援センターやまばと静岡県から受託	
11月	ライフサポートさふらん開設	
2002年12月	聖ルカ在宅介護支援センター榛原町より受託	
2003年4月		支援費制度施行
2004年2月	青葉の家（定員5名）開設 みぎわホーム（定員5名）開設	
3月	第二こづつみ寮受託	
2004年12月		発達障害者支援法
2005年4月	ケアセンターマーガレット開設 しまだ作業所、あさがお作業所、なのはな作業所を島田市手をつなぐ育成会から引継ぐ ケアセンターかたくりの花開設（定員20名）	榛原町と相良町が合併し牧之原市誕生/高齢者虐待防止法施行
2006年4月	希望の家作業所、やまばと作業所手をつなぐ育成会から引継ぐ 牧之原市包括支援センターオリーブ開設	
2006年6月		バリアフリー新法施行
2006年10月		障害者自立支援法　完全施行
2007年1月	長沢巌前理事長帰天	
4月	ワークセンターカサブランカ（定員15名）島田市より受託 相寿園（定員50名）相寿園管理組合より受託 ワークセンターコスモスに就労移行支援センターレインボー併設	

2008年６月	吉田町障害児放課後児童クラブ「まつぼっくり」開設	
2009年３月	聖ルカ在宅介護支援センター活動終結	
2009年４月	こづつみ寮、第二こづつみ寮　社会福祉法人一羊会へ移行 吉田町さくら作業所を吉田町身体障害者福祉会から引継ぐ ワークセンターふれあい　手をつなぐ育成会から引継ぐ 生きがいガーデンこにた　牧之原市から受託。コミュニティセンターぶどうの木として運営開始	
2010年３月	みぎわホーム終結	
４月	ケアホームわかば（定員10名） ケアホームもくれん（定員10名） ケアホームみぎわ（定員10名）開設	
８月	グレイス（定員29名）開設 グレイスショートステイ（定員８名）開設 デイサービスセンターすずらん（定員12名）開設	
９月	聖ルカ居宅介護支援事業所をシャロームに名称変更	
10月	吉田町さくら作業所移転　ワークセンターさくらに名称変更 レタスクラブを開設	
2011年４月	レインボーが吉田町さくらへ移転	
2012年４月	ワークセンターあさがお独立（20名）	
2012年10月		障害者虐待防止法施行
2013年４月		障害者総合支援法（自立支援法改名）施行
2014年４月	島田市立養護老人ホームぎんもくせいより受託	
10月	聖ルカホーム新築移転（定員70名）	
2015年９月		国連「持続可能な開発目標17」発表
2016年３月	青葉の家、撤退してみぎわに吸収	
2016年４月		障害者差別解消法施行
2017年３月	学童保育まつぼっくり活動終結	

4月	ワークセンターなのはな新築	改正社会福祉法施行
2018年3月	就労移行支援センターレインボー活動終結	働き方改革関連法施行
2020年5月	ワークセンターあさがお新築	

■編者プロフィール

佐光紀子（さこう・のりこ）

東京生まれ。重曹などの自然素材を使ったナチュラル・クリーニングを提唱する一方で、家事の国際比較に関心を持ち、50代で大学院に入り、日本の家事の特異性を研究。主な著書に『家事のしすぎが日本を滅ぼす』（光文社）『なぜ妻は手伝っても怒るのか』（平凡社）など。

佐々木炎（ささき・ほのお）

静岡県生まれ。日本社会事業学校専修科卒業、プライベート介護等に携わり、現在NPO法人ホッとスペース中原代表、牧師、介護福祉士、主任介護支援専門員、牧ノ原やまばと学園理事。主な著書に『どん底から見える希望の光』（キリスト新聞社）、『人は命だけでは生きられない』（いのちのことば社）など多数。

長沢道子（ながさわ・みちこ）

大阪生まれ、高知育ち。（株）東レ、恵泉女学園高校勤務を経て、1977年、牧ノ原やまばと学園創設者・長沢巌と結婚。自宅に障碍者数名を迎えて共同生活。昼間は小規模作業所で働く。1986年、重度障碍者となった夫に代わって理事長に選出され、今に至る。訳書『小さきものからの光』（あめんどう社）、共著『行き詰まりの先にあるもの』（富坂キリスト教センター）。

引地達也（ひきち・たつや）

仙台市生まれ。共同通信記者、就労移行支援事業等の障がい者支援施設の施設長等を経て、現在、支援が必要な方の学びの場「みんなの大学校」学長。発達支援研究所客員研究員。新聞学博士。著書に『ケアメディア論—孤立化した時代を「つなぐ」志向』（ラグーナ出版）。

それでも一緒に歩いていく

——牧ノ原やまばと学園50年の歩み

二〇二一年三月二十九日　第一刷発行

編　　著　牧ノ原やまばと学園50年誌編纂委員会

発 行 者　川畑善博

発 行 所　株式会社 ラグーナ出版

〒八九二－〇八四七

鹿児島市西千石町三－二六－三F

電　話　〇九九－二一九－九七五〇

ＦＡＸ　〇九九－二一九－九七〇一

URL http://lagunapublishing.co.jp

e-mail info@lagunapublishing.co.jp

編集　佐光紀子　佐々木炎　長沢道子　引地達也

装丁・ＤＴＰ　山元由貴奈

印刷・製本　シナノ書籍印刷株式会社

定価はカバーに表示しています

乱丁・落丁はお取り替えします

ISBN978-4-910372-05-1 C0036

活字で利用できない方のための
テキストデータ請求券
『それでも一緒に歩いていく』
ラグーナ出版